U0682114

旅游行业管理优化路径和对策研究

金涛 著

中国原子能出版社
China Atomic Energy Press

图书在版编目（CIP）数据

旅游行业管理优化路径和对策研究 ／ 金涛著．－－ 北京 ：中国原子能出版社，2019.9
ISBN 978-7-5221-0048-7

Ⅰ．①旅… Ⅱ．①金… Ⅲ．①旅游业－经营管理
Ⅳ．① F590.6

中国版本图书馆 CIP 数据核字（2019）第 207898 号

内容简介

本书属于旅游管理方面的著作，由绪论、国内外相关研究进展及其理论基础、其他国家旅游管理体制发展状况、研究方法、基于面板数据模型的旅游经济影响效应分析和旅游行业经济结构优化的政策建议等部分组成。本书以旅游行业管理为研究对象，分析了多个国家的旅游管理体制发展状况以及具体的旅游经济影响效应，并提出了优化旅游行业结构的政策建议。本书对旅游、旅游管理等方面的研究者和从业人员具有一定的学习和参考价值。

旅游行业管理优化路径和对策研究

出版发行	中国原子能出版社（北京市海淀区阜成路 43 号 100048）
责任编辑	王　丹　高树超
装帧设计	河北优盛文化传播有限公司
责任校对	冯莲凤
责任印制	潘玉玲
印　　刷	定州启航印刷有限公司
开　　本	710 mm×1000 mm　1/16
印　　张	11
字　　数	159 千字
版　　次	2019 年 9 月第 1 版　　2019 年 9 月第 1 次印刷
书　　号	ISBN 978-7-5221-0048-7
定　　价	49.00 元

发行电话：010-68452845　　　　版权所有　　侵权必究

前　言

随着经济的快速发展，人们的物质生活水平不断提高，出行旅游需求和品质要求也不断增加。在这一背景下，想要满足社会的新需求，旅游业寻求行业经济结构的优化成为必然。

笔者就此书拟实现以下目的：通过理论综述和案例比较分析借鉴成功经验和相关理论，挖掘旅游行业经济结构管理体制发展的核心要素，进一步界定旅游行业经济结构管理体制的概念和基本特征；根据旅游业发展的战略要求，借鉴其他国家的旅游行业管理体制优化的成功经验，构建旅游行业经济结构的创新路径，为国内旅游行业经济管理体制的建设与发展提供理论指导和技术支撑；为旅游业战略发展的实施提供应用参考。

结合我国旅游行业经济结构优化研究与实践的现状，本书在理论、实证和政策建议三个层面探讨我国旅游行业结构的优化问题。与已有的研究相比，本书的重点主要体现在以下几个方面。

第一，合理化和高度化是旅游行业经济结构优化的主要表现维度。本书在分析其实质的基础上，从全国层面考察了我国旅游行业经济结构优化水平的演变趋势。结果表明，整体上看，我国旅游行业经济结构的高度化程度呈现稳定上升趋势，合理化程度在波动中呈现下降趋势。

第二，依托面板数据模型精确测度了旅游行业经济结构优化对我国旅游经济增长的影响效应。分析表明，旅游行业经济结构优化对我国旅游经济增长的影响具有持续性，促进作用在增强。

第三，从旅游企业能力塑造、协调发展、产业政策引导、借鉴国际经验等方面系统阐述了我国旅游行业经济结构优化的对策。其中，旅游企业能力的塑造是旅游行业经济结构优化的出发点，协调发展是旅游行业经济结构优化的核心，产业政策引导是旅游行业经济结构优化的保障，借鉴国际经验是旅游行业经济结构优化的有效途径。

目 录

第一章　绪　论

第一节 研究背景

一、国内外旅游业蓬勃发展

近年来，我国对旅游业发展给予高度重视。在此背景下，旅游业发展呈现如下特点。

（一）经济支柱地位已经确立

东部地区引领发展，中部地区快速崛起，西部地区亮点纷呈，东北地区转型发展，边疆和民族地区、贫困地区和革命老区的旅游业发展取得突破。旅游成为社会投资热点，新产品和新业态不断出现，成为全方位、多层面、多维度的综合性大产业，在国民经济中的比重不断上升。

（二）综合带动功能全面彰显

旅游业已经成为吸纳就业的重要领域。"十二五"期间，旅游业对社会就业综合贡献度为10.2%，带动了800万贫困人口脱贫。旅游业成为推动国际文化交流与沟通的重要途径，尤其对生态文明建设的作用明显，一大批生态环境优美的山水乡村通过发展旅游正在成为"金山银山"。

（三）旅游业在产业融合中的作用日益提升

旅游业是各种产业的黏合剂，与之相联的产业多达上百个，具有"兴一业旺百业"的带动作用。因此，发展旅游业既是产业发展本身的需要，又是整个经济结构调整的需要。推动"旅游+"，即推动旅游业与其他产业融合发展，不断拓展旅游发展的新领域与新空间。

（四）信息技术应用在行业管理中的作用日益显著

2014 年被国家旅游局定为智慧旅游年。"智慧旅游"建设规划是争取用 10 年左右时间，基本把旅游业发展成为高信息含量、知识密集的现代服务业，在我们这个新兴的世界旅游大国初步实现基于信息技术的"智慧旅游"。在"智慧旅游"时代，行业管理也应该与时俱进，实现在智慧旅游时代下的行业在线监管，充分利用新的信息技术，使原本线下分散操作的行业管理工作高度信息化和在线化，帮助旅游行政管理部门实现高效、便捷和低成本的管理目标，创造行业规范、游客满意、旅行社企业盈利的良性市场。

二、散客时代与信息时代的交融催生智慧旅游

在中国，散客旅游已经占据旅游市场 50% 以上的比重并不断上升，成为各种旅游活动的主要形式。2015 年，中华人民共和国国内旅游人次接近40 亿，游客出游选择跟团的比例不断下降，已经不到 5%。出行游客对旅游公共服务的需求更加强烈，尤其是及时、精准、便捷、全面的信息需求，这就为智慧旅游在中国的发展提供了契机。

随着科学技术的进步和信息技术的发展，交易手段在不断发生着变化。智能手机和平板计算机等个人移动端在中国的飞速发展与普及为游客出游提供了便利条件。同时，信息技术和智能化应用在不断推动并渗透到传统产业，越来越多的传统产业开始与信息技术相融合，不断推进产业的技术创新，促使产业结构优化升级。智慧旅游便是旅游业态中的一个新概念。

国家旅游局在 2011 年开始推动智慧旅游工程。2012 年 11 月，国家旅

游局在全国智慧旅游景区建设现场会发布了22家全国智慧景区试点单位。北京、天津、南京、镇江、上海、宁波、武汉等省市纷纷投入智慧旅游建设。四川九寨沟、杭州黄龙饭店等智慧景区和智慧酒店示范带动智慧旅游、旅游企业的发展。

关于智慧旅游的含义，可以从以下几方面解释。

第一，智慧旅游是服务，是基于互联网技术提供的信息服务。旅游信息服务一直伴随着旅游业发展演进，尤其是通信技术、互联网技术等不断应用于旅游信息服务业，使旅游信息服务在提供手段、时空分布、效率和成本方面不断进行着创新。智慧旅游便是旅游信息服务创新的极致。

第二，智慧旅游这种旅游信息服务与传统的旅游信息服务有着很大的差别——在获取信息服务的效率、精确度、成本、实用性上都有了质的飞跃和提升，具有跨时空、跨地域的特点。也就是说，游客可以在任意时间、任意地点享受到便捷的服务。

第三，智慧旅游是能够满足游客个性化需求、实现精准营销的服务。传统旅游信息服务都是面向某一类群体的供给——广播式的传播方式，游客获取信息的时间成本较大，需要不断将获取的信息与自己的需求进行比对，进而做出决策。由于信息具有天然的不对称性，游客决策的风险始终存在，即可能产生理解上的偏差而使决策偏离自己的需求。智慧旅游利用大数据在海量数据中进行碎片化分析，描绘消费者的行为特征，从而有针对性地为游客提供个性化服务。

第四，智慧旅游将旅游产业链更好地联系起来，在时间和流程上都使旅游业务衔接得更加顺畅，能够更好地为游客提供整体服务。这种旅游信息服务不再是几种固定的提供方式或者进行组合，而是更加灵活多变的信息服务提供方式，并且可以综合运用各种媒体和终端作为手段，将各种服务机构有机整合起来，为游客提供"一站式"的旅游信息服务，从而使游客获取旅游信息服务更加便捷、高效。

从微观层面看，智慧旅游实现旅游业各个主体活动的智慧化主要包括面向游客的智慧旅游服务、面向企业的智慧旅游营销和面向政府的智慧旅游管理三个方面的内容。三个方面内容并非孤立存在，而是相互联系。智慧旅游服务是最终目标和落脚点，智慧旅游营销和智慧旅游管理促进智慧旅游服务的实现；智慧旅游营销是智慧旅游扩大影响、推广经验的必然途径，也是智慧旅游产业化，实现经济价值的手段；智慧旅游管理对规范旅游市场，提供并优化旅游公共服务至关重要，是保证智慧旅游营销和智慧旅游服务顺利实现的有效保障。

三、全局旅游已经取得了阶段性成果

一是形成了党政统筹的领导机制。很多地方领导认识到了旅游业的综合性，改变了过去"旅游工作旅游部门抓"的局面，形成了党政领导亲自抓，部门负责人落实的分解目标落实责任制，促成了部门来携动、上下来协动、全面来推进的全局旅游工作新局面。

二是落实了全面综合协调工作体制机制。地区政府纷纷探索设立了以综合协调为特征、专项措施来保障的旅发委（旅游发展委员会）、旅游巡回法庭、旅游警察、工商旅游分局，大大加强了旅游产业协调发展的综合能力，有效解决了不断发展的综合产业和综合行业监管的需求与原有落后的体制之间的矛盾。"1+3"即"一个综合协调机制＋工商、警察、法院等综合管理机制"的旅游管理体制改革快速发展，并被推向全国。不少地区政府还成立了旅游综合管理机构或岗位，如旅游警察，从而有效保障了游客发生旅游纠纷时的权益。

三是推进供给侧改革，推出了新项目，拉动了投资。"旅游＋"产业跨界融合产生了一批项目创意好、投资回报率高、可持续性强的旅游投资

项目。今年前三季度，全国旅游业实际完成投资 7 972.3 亿元，同比增长 43.8%，远高于全国固定资产投资增速和第三产业 11.1% 的投资增速。民营企业投资旅游业 5 779 亿元，占全部旅游投资的 57.4%，旅游投资的综合带动作用和乘数效应不断扩大。

四是公共服务设施得到了提升。国家旅游局推动厕所革命，改善了旅游服务基础设施，使游客的出行更加舒适化。国家旅游局还开通 12301 国家智慧旅游公共服务平台全媒体呼叫中心，集中受理游客咨询与投诉。

五是旅游业的地位和作用得到了提升。在当前我国经济发展新常态下，全局旅游在确保旅游经济平稳运行，旅游市场规模稳步扩大，继续领跑宏观经济的同时，已成为创业创新和数据驱动型成长的重点领域。第二批 238 家"国家全局旅游示范区"创建单位已经批准发布，加上首批 262 家"国家全局旅游示范区"创建单位，目前全国已经有 500 家"国家全局旅游示范区"创建单位。创建单位在创建全局旅游示范区的过程中大力推进了我国旅游基础设施和环境的改善，促进了游客出行满意度的提升。

第二节　研究问题、目的和意义

一、研究问题

首先，本书计划根据系统理论创建研究模型，分析旅游行业经济结构以及结构优化的理论框架，并结合优势理论研究旅游行业结构优化路径中可参照的原则。本书如此分析的基础一方面是考虑系统理论分析可对研究旅游行业经济结构优化的相关因素以及作用机理形成帮助；另一方面是因为其可协助研究人员根据理论研究旅游行业经济结构的优化发展态势。

其次，本书计划结合理论研究分析旅游行业经济结构的合理化，研究旅游经济结构的高度化，分析各种相关要素对旅游行业经济的结构优化的机制原理、各种要素之间影响的机制原理以及旅游行业经济结构优化对旅游经济生产增长方式的影响的机制原理等。

再次，笔者拟结合定量方法研究当前旅游行业经济结构优化的发展状况，分析与我国旅游行业经济结构相关的各种促进发展要素之间的影响机制原理，对当下旅游行业经济结构优化的基本素质做出评判，对旅游行业经济结构优化的效果做出分析。

二、研究目的

世界旅游业的蓬勃发展促使旅游业迎来休闲度假时代，大数据、智慧旅游成为热点，旅游管理体制变革急需推动。在这一宏观背景下，旅游业管理体制改革路径成为迫切需要解决的问题。本书拟实现以下目的。

第一，通过理论综述和比较分析挖掘旅游业经济结构的核心要素，进一步界定旅游行业经济结构的概念和基本特征。

第二，根据旅游业发展的战略要求研究旅游行业经济结构优化的要素，为国内旅游行业经济结构优化管理提供理论指导和技术支撑。

第三，对旅游行业经济结构发展水平进行综合评价，提出旅游业管理体制改革的优化对策与完善措施，为旅游业战略发展的实施提供应用参考。

三、研究意义

（一）理论价值

总体来看，国内和国外上述研究成果已从零散的、浅表的研究逐渐转向系统的、有计划的理论研究，对旅游创新的多个方面和建设世界旅游强国等多种问题都展开了研究。但是，这些研究远没有达到深入的、高质量的专题研究水平，尤其是对旅游行业经济结构管理优化的专门的系统研究非常欠缺，这远远滞后于快速发展的旅游业实践与建设世界旅游强国进程的需要。这些给本书的研究提供了充足的必要性与广泛的展开空间。本书的研究将弥补学术研究上的空白，对国内的旅游学术研究具有重要价值。

（二）实际价值

科学分析我国旅游行业管理机制优化路径，全面、科学地提升旅游产业竞争力，是我国旅游产业同国际接轨并迈向世界旅游强国的必由之路。21世纪以来，各省旅游业的产业地位得到提升。在旅游业"十三五"的发展纲要中，全国有24个省、市、自治区将旅游业确定为优先发展的支柱产业和重点产业。在旅游发展政策的支持下，区域旅游市场竞争半径的拓展速度加快，区域旅游业的竞争日益激烈。研究我国旅游行业管理机制创新趋势，对各省、市、自治区在激烈的旅游竞争中正确认识自身的优势与劣势，科学制定切合实际的旅游业发展战略，提升旅游业竞争力，推进旅游业发展有着重要的现实意义。

第三节　研究内容、研究方法与技术路线

一、研究内容

基于研究目标和研究思路，本书的研究内容及篇章安排如下。

第一章为绪论，主要阐述本书的研究背景、目标与意义，介绍研究思路、内容安排和采用的主要研究方法。

第二章为理论基础与国内外研究述评。理论基础是本书展开与深入实施的重要目标。国内外研究述评的目的：一是了解国内外研究的前沿成果，以便借鉴其科学的思路与方法；二是发现当前研究存在的逻辑起点和分析线索。

第三章为研究方法，主要阐述了本书的数据源、样本选取和研究模型，构建了旅游行业经济结构合理化的测量模型以及测量方法的选择。

第四章是量化分析。在构建了旅游行业经济结构合理化的测量模型基础上，从合理化和高度化两个维度测量了其变迁性、部门差异性。用面板数据模型测算了旅游产业结构优化的经济影响效应及效应的时空变迁。

第五章是我国旅游行业经济结构优化的政策建议分析。本章综合归纳了全书，并结合所述的理论分析和实证检验，从协调发展、产业政策引导、借鉴国际经验等角度对我国旅游行业经济结构优化对策进行了探讨。

第六章是小结，主要对研究的不足和展望进行阐述。

二、研究方法

本书主要的研究方法如下。

（一）规范分析与实证分析相结合

规范分析为研究提供理论基础和分析框架，实证分析则主要用于验证规范研究的理论观点，并为规范研究提供实践依据。本书在研究过程中运用文献分析、逻辑演绎等规范研究方法梳理了旅游行业经济结构优化研究的逻辑，构建了旅游行业经济结构优化因素之间的作用机理模型，探讨了旅游行业经济结构合理化和高度化的本质，设计了旅游行业经济结构转换能力的测评体系，阐述了旅游行业经济结构优化影响旅游经济增长方式转变的机理。另外，本书还使用实证分析定量评价了我国旅游行业经济结构的合理化和高度化水平，检验了不同影响因素对我国旅游行业经济结构优化的推动作用。

（二）定性、定量相结合

在文献分析和理论研究的基础上，重视定性分析与定量分析相结合的方法，充分运用有关的公开发布的全国旅游统计年鉴等统计资料，定性比较分析相关异同并总结经验。同时，运用数理统计、结构模型、遗传算法等研究方法定量分析影响因素、形成机制问题，在此基础上进一步分析旅游管理体制机制创新的建设标准及评价，并对此优化进行了探讨。

1. 比较分析相结合

历史分析法试图通过对历史纵向描述的分析，从中寻找某些规律性知识；比较分析法主要是通过具有相似点且有相异点的事物进行对比分析，得出有关结论的研究方法。相对于历史分析法的有限使用，比较分析法贯穿本书研究的全过程，特别是旅游产业结构优化系列研究中的时段性变化比较和东、中、西部地区的差异比较。

2. 理论研究与对策研究相结合

本书的归宿点是提炼我国旅游产业结构优化的政策建议，而相关的理论研究和实证研究是实现该归宿点的基础。本书在理论研究和实证研究的基础上，根据我国旅游产业的发展特征，较系统地提出了我国旅游产业结构优化的政策建议。

三、技术路线

本书技术路线将遵循发现问题、分析问题和解决问题的研究思路，综合多学科的理论与研究方法，采用理论与方法基础——资料收集与实地调研——实证研究——归纳总结与实践应用的技术路线，将人本主义与实证主义思想贯穿具体的研究实施中，借鉴成功经验，提炼旅游管理体制机制创新的核心要素。本书始终从信息经济的视角对旅游管理体制机制创新进行分析，并以案例分析为旅游管理体制机制创新提供新的研究思路和研究方法。

本书采用定性分析方法和定量分析方法。定性分析法包括专家调查法、弹性系数法等。定量分析方法主要包括预测类模型、评价类模型和优化类模型等，这些模型的建立能够将历史数据和旅游行业管理所处的环境有效结合，通过定量的模型进行预测、评价和优化，从而提高决策的合理性、科学性和客观性。

第二章　国内外相关研究进展及其理论基础

有学者对旅游行业经济结构发展展开了研究，认为国外旅游业处在较为发达的商品经济环境中，旅游业市场经济地位较低，其他产品市场经济发达；欧美旅游发达国家的旅游行业管理结构上以市场主导为主，国内旅游行业管理结构上则以政府主导为主。整体来看，国内学者在旅游行业经济结构方面的研究成果不管是在数量还是研究内容上都远比欧美国家研究更加全面❶。

第一节　国内研究文献综述

一、旅游行业经济结构的内涵与构成

从代表性观点来看，表2-1中的既有研究对旅游产业结构内涵的界定大致可以分为两种。一种观点认为旅游行业经济结构等同于旅游产业结构，应当主要关注旅行社业、旅游饭店业、旅游交通业、旅游景区景点业、旅游娱乐业和旅游商业之间的经济技术联系与比例关系；另一种观点认为旅游行业经济结构包括旅游产业结构，也就是说旅游行业经济结构的涵盖范围比旅游产业结构更为广泛，前者的内容不但涵盖旅游产业结构，而且涵盖布局、产品、市场和经济所有制等多个要素的结构。

❶ 王云龙.区域旅游产业结构基本研究框架构建[J].企业活力，2012(01): 5-10.

表2-1 旅游行业经济结构的内涵与构成研究情况

来 源	旅游行业经济结构的内涵与构成
王大悟、魏小安[1]	旅游经济结构指旅游经济各部门、各地区、各种经济成分及经济活动各个环节的构成与相互关系。旅游行业经济结构主要包括旅游地区结构、组织结构、产品结构、所有制结构和行业结构
罗明义[2]	旅游经济结构是指旅游业内部各组成部门的比例关系及其相互联系、相互作用的形式。内容包括旅游市场结构、旅游产品结构、旅游产业结构、旅游区域结构、旅游投资结构、旅游经济管理结构
明庆忠[3]	旅游经济结构包括二元旅游结构（国际和国内旅游）、供给结构、需求结构、产业要素结构、产业功能结构、产业区域空间结构、产业组织管理结构、产品结构等
罗佳明[4]	旅游经济结构的核心是旅游中各行业结构的合理化，即吃、住、行、游、购、娱六大要素的合理配套
罗明义[5]	旅游经济结构是指以食、住、行、游、购、娱为核心的旅游业内部各大行业之间的经济技术联系与比例关系，也就是旅游业的部门结构。按照该定义，旅游经济结构主要包括旅行社业、旅游饭店业、旅游交通运输业、旅游景区景点业、旅游娱乐业、旅游商业等
唐留雄（2001）[6]	旅游经济结构是指旅游行业各部门、各地区以及各种经济成分和经济活动的各环节的构成及其相互比例关系。主要有旅游行业部门结构、地区结构、组织结构、产品结构、所有制结构等

[1] 王大悟，魏小安.新编旅游经济学[M].上海：上海人民出版社，1998：163.

[2] 罗明义.旅游经济学[M].天津：南开大学出版社，1998：163.

[3] 明庆忠，陈玉英，周新生.云南旅游产业结构探微[J].云南师范大学学报（哲学社会科学版），1999(06)：88-92.

[4] 罗佳明.旅游经济管理概论[M].上海：复旦大学出版社，1999：149.

[5] 罗明义.旅游经济分析：理论·方法·案例[M].昆明：云南大学出版社，2001：205.

[6] 唐留雄.现代旅游产亚经济学[M].北京：科学出版社，2001：112.

来　源	旅游行业经济结构的内涵与构成
田里 （2002）[2]	狭义的旅游经济结构是指旅游产业结构，即旅游产业内部满足游客不同需要的各行各业之间在运行过程中所形成的内在联系和数量比例关系，这种比例主要由饭店业、交通业、旅行社业、游览和娱乐业构成。广义的旅游经济结构包括旅游市场结构、产品结构、产业结构、区域结构、组织结构、所有制结构、投资结构等
甘巧林 （2008）[3]	旅游经济结构指旅游经济各部门、各地区、各种经济成分及经济活动各个环节的构成及其相互关联、相互制约的比例关系。包括旅游产业结构、旅游地区结构、旅游产品结构和旅游组织结构
汪季清 （2009）[4]	广义的旅游经济结构是指旅游经济各部门、各地区、各种经济成分及经济活动各个环节的构成及其相互关联、相互制约的比例关系。主要包括旅游地区结构、组织结构、产品结构、所有制结构和行业结构等。狭义的旅游经济结构是指旅游产业结构，即旅游产业内部满足游客不同需要的各行各业之间在运行过程中所形成的内在联系和数量比例关系，这种比例主要由饭店业、交通业、旅行社业、游览和娱乐业构成

二、对旅游行业管理制度的研究

对旅游行业管理制度的研究自 1982 年国家旅游局成立以来，在政府推动和社会需求呼唤下，各个院校的众多学者投入到对旅游行业管理制度创新的相关研究中，且研究成果颇丰，其中不乏一些对行业发展起到引领作用的观点和见解，具体如下。

对打造旅游强国制度问题的研究。李金早[4]提出旅游业不断良性发展，

[1]　田里. 旅游经济学 [M]. 北京：高等教育出版社，2002：223-224

[2]　甘巧林. 旅游经济学 [M]. 广州：华南理工大学出版社，2008：189.

[3]　汪季清. 旅游经济学 [M]. 合肥：安徽大学出版社，2009：171.

[4]　李金早. 开明开放开拓 迎接中国"旅游+"新时代 [N]. 中国旅游报，2015-08-21(001).

潜力巨大，对社会经济推动作用明显，旅游与其他各个产业正在融合发展；王昆欣❶提出优质是建设旅游强国的核心竞争力；易伟新❷从经济管理部门和经济运营个体等两个出发点分析了如何达到世界旅游强国战略目标；王志发❸阐述了如何实现从旅游大国向旅游强国迈进的目标：明确旅游强国相关指标，产业化推动旅游要素建设，建立市场化的旅游发展运营机制，建立高效集约的旅游增长方式，在国际交流中实现旅游产业提升。

对旅游制度创新的内涵进行分析。朱晓辉❹提出旅游管理部门在管理中的角色定位；马海鹰、吴宁❺提出全局旅游发展首在强化旅游综合协调体制机制；万蓬勃❻阐述了旅游产品创新的内容，主要内容有供游客旅游选择的产品设计、供游客旅游体验的旅游服务项目设计、提升旅游便利度的新技术的应用、打造旅游管理等；他也阐述了旅游服务创新的内容，包括提升游客旅游体验的旅游服务技术、方便游客使用的游客服务方式、提升旅游服务质量的服务技术等；黄玮❼阐述了旅游规划创新的概念，认为旅游规划创新不仅包括内容、技术、人才方面的创新，还包括组织和政策保障的创

❶ 王昆欣.创新与整合 旅游＋互联网行动的两翼[N].中国旅游报，2016-06-29(004).

❷ 易伟新.论世界旅游强国战略目标实现的着力点——中国改革开放旅游发展三十年的思考[J].中国市场，2009(01)：14-15.

❸ 王志发.着力提升产业素质 全面建设旅游强国——从旅游大国向旅游强国迈进的五个着力点[J].中国经济周刊，2007(31)：15-19.

❹ 朱晓辉，符继红.现代治理体系下旅游管理体制改革的创新研究[J].管理世界，2015(03)：176-177.

❺ 马海鹰，吴宁.全域旅游发展首在强化旅游综合协调体制机制[J].旅游学刊，2016，31(12)：15-17.

❻ 万蓬勃.构建旅游业产品创新体系的思考[J].产业与科技论坛，2007(08)：79-81.

❼ 黄玮.浅析旅游服务创新[J].浙江树人大学学报，2006(03)：39-41.

新；马勇[1]阐述了旅游科技创新的内容，认为旅游科技创新是把各种新科技与旅游业相结合，以满足旅游的需求，适应产业发展的特点，使旅游产业的科技含量逐步提高；张文建[2]阐述了旅游业态创新的内容，认为旅游业态创新主要是指各种业态的创新，如冰雪旅游、探险旅游以及产品经营形式上的创新。

对我国旅游行业经济管理体制的发展演变过程进行分析。刘庆余[3]总结了我国旅游行业发展过程和管理体制的历史变化；张宇宁[4]阐述了旅游管理体制的当前状况、发展趋势，对其存在的问题进行了探讨研究，并对我国当下旅游管理体制创新模式提出了一些建议。

对我国旅游行业制度创新的发展动力与影响因素进行探讨分析。袁亚忠[5]分析探讨了当下我国旅游行业管理制度创新的动力来源，通过对旅游业内各利益主体的要求，分析出各个利益主体各自所面临的制度选择和交易费用，提出旅游业制度创新的动力机制，并对此机制内各因素和主体之间的交互运动和博弈做了解释；魏宝祥[6]分析了影响我国旅游业发展的制度因素；冉斌[7]结合我国休闲旅游发展趋势探讨了旅游制度创新。

[1] 马勇.区域旅游规划的创新思考[J].旅游科学，2007(03)：37-43.

[2] 张文建.当代旅游业态理论及创新问题探析[J].商业经济与管理，2010(04)：91-96.

[3] 刘庆余.从"旅游管理"到"旅游治理"旅游管理体制改革的新视野[J].旅游学刊，2014，29(09)：6-7.

[4] 张宇宁.新时期旅游管理中的问题及完善策略研究[J].旅游纵览（下半月），2017(04)：84.

[5] 袁亚忠.服务要把握好『度』[N].中国旅游报，2002-09-18(011).

[6] 魏宝祥.影响我国旅游业发展的制度因素研究[J].西北师范大学学报（自然科学版），2004(02)：76-80.

[7] 冉斌.我国休闲旅游发展趋势及制度创新思考[J].经济纵横，2004(02)：25-28.

对我国旅游业制度创新的演化模式等进行分析。彭华[1]提出了旅游发展动力系统及其结构模型，从而找出利于制定旅游与区域经济社会共同发展动力机制的培育对策；罗辉[2]从政府——旅游业制度变迁的主导力量、企业个体组织——旅游业制度变迁的核心驱动因素、其他社会组织——旅游业制度变迁的重要支撑三个方面分析了中国旅游业制度变迁的主体类型及演化模式。王君正、吴贵生[3]以新服务概念、新顾客接口、新传递系统和技术等服务创新四维度模型为基础，对国内旅行社的创新模式进行了实证研究，建构了一种以传递系统和游客接口为主要内容，依托政府创新平台保障的市场拉动型模式。刘敏[4]以山西平遥古城为例进行实证研究分析，认为旅游企业应该在企业与游客互动的基础上进行创新，与各方合作创新，并且要激发企业员工的学习欲望，以此提高企业的学习创新能力。围绕创新系统展开的研究目前不断深入，已经成为众多学者的研究方向。阎友兵[5]通过对政府部门、行业企业、科研机构等三种个体类别建立三层螺旋模型分析，提出了旅游行业集群创新系统的内容。

对我国旅游业发展的制度环境局限进行分析。司马志[6]认为，所有制结构事关产权关系，全民所有制、私有制都对产权关系做了界定；经济体制

[1] 彭华.旅游发展驱动机制及动力模型探析[J].旅游学刊，1999(06)：39-44.

[2] 罗辉.中国旅游业制度变迁的主体类型及演化模式研究[J].玉溪师范学院学报，2010，26(03)：43-48.

[3] 王君正，吴贵生.基于服务创新四维度模型的我国旅游企业创新模式分析——以云南旅游业为例[J].商业研究，2007(08)：1-6.

[4] 刘敏.关于旅游地旅游企业创新的初步研究——以平遥古城为例[J].生产力研究，2010(11)：192-194.

[5] 阎友兵.基于三重螺旋模型的旅游产业集群创新系统研究[J].科技管理研究，2009，29(04)：236-239.

[6] 司马志.基于ESP范式的中国旅游产业绩效分析[D].上海：上海社会科学院，2010.

事关经济自由度，市场经济体制与计划经济体制都对经济自由度做了规划和确定；财政体制事关各级政府对旅游产业的投入基础；这几个要素都影响着旅游行业的发展，对从业者和企业都有着影响，是当前旅游行业发展中外界环境的主要制度结构要素。

对我国旅游行业管理制度创新的分析。周琳[1]以制度经济学为视角对中国旅游业的制度创新进行了研究；刘少和[2]研究了广东"旅游综合改革示范区"的制度创新；陈丽华[3]研究了桂林旅游产业发展运行机制创新；李美云、徐正春[4]研究了桂林旅游产业可持续发展的制度创新；卞谦、邓祝仁[5]研究了技术创新与制度创新在桂林旅游产业发展的应用；刘莹[6]研究了以天津市为代表的旅游业发展的外部制度环境；王红[7]研究了以海南岛为例的旅游业国际化发展的制度创新；汪明华[8]以嘉兴为例研究分析了旅游业在转型发展过程中的制度创新；郭鲁芳[9]以旅游城市杭州地区周边县市为例对县域

[1] 周琳.中国旅游业的制度创新研究[D].长春：吉林大学，2014.

[2] 刘少和.广东"旅游综合改革示范区"建设的制度创新思考[N].中国旅游报，2009-06-12(011).

[3] 陈丽华.桂林旅游产业创新发展研究[D].武汉：武汉大学，2011.

[4] 李美云，徐正春.从制度创新看桂林旅游产业的可持续发展[J].林业经济，2003(06)：57-59.

[5] 卞谦，邓祝仁.技术创新与制度创新在旅游行业的应用——关于桂林市旅游产业发展的个案研究[J].社会科学家，2000(01)：27-32.

[6] 刘莹，何继新.一个国外生态旅游案例视域框架：生态旅游公益供给主体分析[J].吉林广播电视大学学报，2011(03)：10-13.

[7] 王红."国际旅游岛"背景下的海南旅游业制度创新[J].新东方，2009(06)：20-23.

[8] 汪明华.嘉兴旅游业转型发展研究[D].上海：上海交通大学，2008.

[9] 郭鲁芳.县域旅游经济制度变迁的实证分析——以杭州地区二县市（淳安县、临安市）为例[J].旅游学刊，2004(02)：22-25.

旅游经济制度变迁展开了研究；戴春芳❶等以旅游城市张家界为例对旅游产业集群创新系统展开了研究；周智生❷以云南丽江为例研究分析了多种文化资源融合背景下地方文化旅游创新发展；吴亚平、陈志永❸以贵州部分少数民族旅游特色村落为例对乡村旅游制度开展了比较研究；夏梦等❹以南京市旅游为例，从外部性理论的角度对旅游资源产权制度创新进行了研究；陈耀等❺以海南国际旅游岛为例对边境旅游管理创新进行了研究分析；许秋红❻等对广州的著名旅游企业——岭南国际企业集团的旅游企业战略制度创新进行了研究分析。

从上述学者研究来看，可以说对旅游创新的研究成果已经较为丰富，学者从多个角度进行了研究，也较为深入和系统，但是这些研究成果专题化系统研究还不足，关于建设基于信息经济背景的世界旅游强国制度创新问题的专门研究成果还没有，这已经不相称于信息经济高速发展并应用于旅游业实践的背景。因此，本书拟对此方向开展研究。

❶ 戴春芳，王志凡.张家界旅游产业集群创新系统分析 [J].广西轻工业，2010，26(03)：98-100.

❷ 周智生.多元文化资源整合与区域文化旅游创新发展——以云南丽江为例 [J].资源开发与市场，2007(01)：84-86.

❸ 吴亚平，陈志永.基于核心力量导向差异的乡村旅游制度比较研究——对贵州"天龙屯堡""郎德苗寨"与"西江苗寨"的实证分析 [J].热带地理，2012，32(05)：537-545.

❹ 夏梦，钱小梅，赵媛.基于外部性理论的南京市旅游资源产权制度创新 [J].商场现代化，2005(27)：303.

❺ 陈耀.旅游发展和城乡统筹 [J].旅游学刊，2011，26(10)：8-9.

❻ 许秋红，尹涛，李青.基于制度创新的旅游企业战略联盟优势——以广州岭南国际企业集团为例 [J].管理案例研究与评论，2009，2(01)：11-19.

第二节　国外研究文献综述

国外学者对旅游行业管理制度从多方面进行了研究，且欧美等旅游发达国家的旅游管理做得很好，值得学习借鉴。一些学者对旅游创新概念进行了分析。Hjalager（2002）认为旅游创新对旅游行业管理制度中的缺陷可以进行修正，因为旅游创新是动态的，既可以在产品创新过程中发生，又可以在管理过程中发生，其发生的范畴可以是组织创新，也可以是制度创新。一些学者对旅游创新的动力来源因素进行了分析探讨，认为技术进步、市场需求、市场竞争都是产生旅游创新的重要因素。Hall（2008）对旅游创新动力来源要素进行了研究分析，认为除了经济能力，还有个体企业家精神、国家的角色等都是重要的动力来源因素。Guerin（2006）研究后认为创新精神可以推进旅游创新。一些学者对旅游创新的影响因素进行了分析研究。Pikkemaat（2006）研究后认为，知识水平和管理水平是旅游创新能力的关键影响因素；Sundbo（2007）研究后认为，企业的人数、资金实力、行业地位等规模状况影响着旅游企业创新行为；Hall（2008）研究认为，大型连锁旅游企业如快捷连锁酒店管理创新的影响因素除了市场吸引力，还包括服务过程的管理以及市场响应情况，个体旅游企业如单体饭店管理能否成功创新的影响因素有员工培训、市场营销、团队协同能力、企业文化等；学者Poon（1993）结合网络技术创新对旅游业的技术水平的提高及过程的影响进行了探讨。一些学者对旅游创新系统进行了研究。部分国外学者从旅游创新的组织模式出发，把旅游创新系统引入了旅游研究。Mattsson（2005）认为互联网科技对旅游部门的创新系统起到了重要的支撑作用，网络系统把不同的旅游企业都紧密地联系到一个大系统，而制度创新可以有好的效果，也可以有不好的效果，其可以通过外部环境诱发，也可以在内在因素推动下产生；认为经济能否增长的重要因素取决于制度因素，制度是否适应经济发展产生的矛盾推动着制度创新，是制度创新的内生动力。一些国外学者结合制度创新对中国经济增长的推动效果进行了影响分析。Luc Moers（1999）认为中国作为发展中国家，制度创新是经济增长的重要影响因素。

　　从上述学者研究成果来看，他们从制度创新等多个角度对行业管理体制进行了研究，为本书提供了一些借鉴，但研究成果不够深入，缺乏结合信息经济的发展对旅游管理机制创新的系统的、深入的、专门的研究。这为笔者对此方向展开研究提供了空间和支撑。

第三节 旅游行业管理基本理论

一、旅游管理体制

旅游管理体制是与旅游行业经济相关的各种管理组织机构的形态和形成的关系的总和。这种关系的总和的表现形态受经济基础和上层建筑的影响。有些地区由于工业经济发达，旅游经济处于弱势而不受重视，旅游管理机构的表现形式就被弱化，旅游局与文化体育部门整合在一起，排名靠后。有些区域工业经济不发达，旅游经济凸显，旅游部门就被升格为委员会，如浙江省遂昌县旅游部门就被升格为委员会，比一般部门排名靠前，具有协调职能。杭州市的旅游经济非常发达，旅游部门的表现形式就是旅游委员会，比一般政府部门具有更多的协调职能。旅游管理体制对旅游业的发展具有重要影响。旅游管理体制对旅游业的发展具有的影响效果也是旅游学者所关注的问题之一。

二、智慧旅游

智慧旅游是近 10 年来出现的概念，是把移动互联网、大数据、基于 LBS 定位等技术应用于在线导览、机票订购等旅游应用及电子合同、旅游行程单管理、企业数据上报等旅游行业管理等各个方面，使信息流、资金流、物流在消费者、企业、管理部门之间高速运转和整合。

在社会的智慧化进程中，智慧旅游是不可或缺的一个环节。智慧旅游对社会进步、增强旅游业发展动力、提高旅游幸福感具有重要作用。旅游业智慧化建设对旅游业的促进作用体现在四个方面。

一是促进产业链紧密融合。充分挖掘旅游产业链上下游各类旅游资源，将旅行社、旅游景区、旅游住宿、旅游交通、旅游演艺等资源紧密联系，信息透明化，使产业链各个资源之间通过智慧旅游紧密联合在一起。

二是促进旅游产品紧密整合。充分使旅游产品产生集群效应，民宿、特色酒店无论地理位置远近，在互联网上都呈现在同一个网址内、同一个屏幕上，从而产生集群市场效应，极大地便利了游客的信息查询和产品采购。

三是促进旅游服务信息畅通。旅游智慧化的过程使旅游出行的相关信息能够方便、及时地传达给大众，如天气提示、景区容量警示、安全警示等信息。这能够对社会群体的流向进行合理导向，使旅游安全得到有效保障。

四是促进旅游管理系统集成。旅游团队管理系统、旅游企业数据上报系统、导游证件管理系统、旅游酒店管理系统、旅行社管理系统等一系列行业管理系统使旅游管理高效地整合在一起。

分析智慧旅游的理念可以看出，智慧旅游的实质是通过将先进的信息化技术手段与现有旅游资源（包括有形资源、无形资源）进行有机结合，在游客服务、政府管理和行业发展方面发挥良性促进作用，从而极大地提升旅游产业的管理和服务水平。

（一）智慧旅游的特征

智慧旅游之所以成为传统旅游消费方式向现代旅游消费方式转变的重要推手，是因为其本身体现了现代人类社会的实时化、人性化、低碳化、多元化、时尚化、生活化、互动化及国际化的发展趋势。归纳起来，智慧旅游具有如下四个特征。

一是重视游客体验。旅游智慧化建设过程通过收集游客的位置信息、浏览记录、行为记录勾勒游客行为特征，分析游客的爱好、需求，有针对性地为游客提供个性化、便利化信息，使游客体验最佳。

二是提升旅游管理：为旅游管理部门提供旅游产业全链条的智慧化产业监测与决策分析；实现全局范围内全产业链的全过程监管，协调各部门、各企业之间的利益，提升全局整体监管力度和办事效率；通过大屏、PC、手机等多终端，使用户获得全方位、全过程的信息化服务，将单向服务模式改成多方实时互动模式。

三是实现大数据分析：各地旅游部门通过建设旅游数据中心，在统一的数据标准的基础上，从旅游国家、省、市、县、涉旅企业五级之间的数据整合服务机制，通过数据接口模式实现旅游数据的采集和处理服务，整合国家、省、市旅游局及下辖各区县旅游主管部门的政务信息、旅游企业基础信息、旅游行业运营信息以及气象局、环保局、公安局、交通运输局等各旅游关联产业的横向数据信息，再通过核心的数据处理，最终实现所有旅游应用相关数据的整理、编目、分级、分类与归档，解决旅游应用信息数据存储、整合、处理等服务，从而打破旅游数据应用的信息孤岛，发挥数据综合服务和应用效能，提升旅游数据资源的管理与服务水平。

四是推动产业升级。通过旅游智慧化建设改变了传统旅游企业的经营方式，OTA 等在线旅游企业的出现以及发展壮大恰恰体现了产业升级。在行业竞争中，传统企业通过信息技术的应用促进企业内部沟通合作流畅，促进企业服务更加到位。智慧酒店、智慧旅行社、智慧景区的出现使产业更加信息化、智能化。

（二）智慧旅游的外延

从旅游业整体业务角度看，智慧旅游的内容不仅涵盖旅游信息服务，还包含人文素质、节能环保、科技创意、模式创新等要素。

1. 人文素质

旅游是人赴往非居住地的休闲娱乐活动，其内容中很重要的部分是文化体验，是与周围旅游从业人员的交流。因此，导游等从业人员的素质是旅游发展水平的重要指标。在很大程度上，游客对旅游过程的好感不仅来自对景点的留恋，还源于对人文的认同。现在的旅游服务过于看重金钱，而忽略了人文精神的内涵。如果以"利"为首位来研究旅游者，最后不免走上愚弄旅游者的道路。因此，智慧旅游不仅是信息流、人流、物流、资本流的互动平台，还是不同文化交融的活动。

在拥堵的道路上，如果车间距很短，那么行驶在前面的车即使是轻轻刹车，紧跟的车辆也不得不减速。因此，足够的车间距有助于从根本上遏制交通阻塞。调查表明，日本在排队等红灯时车间距都在4 m以上，所以绿灯一亮，每辆车都可以全力加速通过路口，车速都可以达到40～50 km/h，30 s通过最少60辆车。而北京30 s内通过路口的车辆只有25～27辆，如果遇到有插队的，最多只有21～22辆能通过。仔细思考一下，车辆不会插队、行人不会闯红灯或许才是保障这4 m车间距和司机敢于全速通过路口的根本原因。在美国排队是很平常的事，等候的人不管有几个，大家都会有礼貌地排队。上火车、上公共汽车、上厕所、上电梯等，人们总是很有素质。美国人排队，以前后不碰到他人为限。就连高峰期的地铁站也井然有序，看见车上的人满了，排在前面的人就自动停下来，等下一趟，绝对不会上去挤。

2. 节能环保

节能环保是构建节约型社会，打造绿色城市，保障旅游业可持续发展的重要依托。旅游设施、酒店等的节电、节水以及废弃物的回收、循环利用都是其中的内容。智慧旅游建设使社会能源更加有效利用。比如，一位游客要从杭州火车站到西湖景区，原来要排队打车，一个人打一个出租车，现在可以应用滴滴打车的顺风车功能或者类似的软件，这位游客就可以搭别人的车前往目的地，为拥挤的道路节省了一辆出租车，减少了一位出租车司机的能量消耗和车的能量消耗。如果每天用骑车来代替开车出行 2 km，那么每人每年能向大气少排放 245 kg 二氧化碳。现在，一些民宿为入住游客提供电动自行车，游客骑行感受周边风光，低碳出行，既方便了游客，又促进了环境保护。

3. 创新创意

智慧旅游发展过程中，新科技的出现促进了旅游服务方式的创新和创意。不少酒店采用了智慧技术提高游客的舒适度，如在杭州的黄龙酒店，客人办好入住手续后，进入电梯内就有欢迎语出现在屏幕上，从电梯出来就看见导引标志出现在屏幕上，进入房间，电视屏幕上就出现欢迎语，电动窗帘自动拉开。这些新科技在旅游业的应用极大地提高了游客的舒适度和满意度。

4. 模式创新

旅游业的模式创新包含的内容很宽泛，有商业模式创新、管理模式创新和产品创新等。就商业模式创新而言，杭州西湖的免费开放无疑是一个经典案例。

近年来，国内众多游览参观点以保护环境、控制人流为由，掀起了一股门票涨价热潮。与此形成鲜明对比的是，杭州市西湖景区坚持实行免费开放或低票价政策。此举促进了城市旅游业的健康发展，增强了旅游业对经济增长的拉动作用，吸引了社会各方面的普遍关注。

免费西湖的思路跳出了"风景区整治美化—提高门票价格—用增加的

收入抵补整治美化的投入"的传统思路，以全局旅游思维开放景区，换来游客数量的增长，换来游客入住天数的增加，换来游客游玩意愿的增加，以门票收入的损失换来市区整体旅游收入的提高。曾有统计，虽然免费开放西湖使杭州市每年减少几千万元的门票收入，但其拉动的各项消费却高达百亿元。

第四节　相关理论基础

一、旅游协同管理理论

旅游管理充分体现了协同管理的理念，与系统、信息、控制等理论紧密关联，故笔者研究拟依据协同管理理论。该理论又被称为协同学，是由 Hermann Haken（20 世纪 70 年代联邦德国物理学家）提出并加以完善的。该理论涵盖了系统论、信息论、控制论以及突变论等现代科学理论，使用统计分析及动力学分析不同事物的共性、区别及协同的诱因和原理。该理论认为，在相对固定的环境状态下，系统和子系统活动都是协同的，都是按照一定规律进行的。此理论将研究对象都视作由子系统组成的系统，而子系统之间又会经物质能量或信息交换的路径来相互影响，依靠子系统彼此之间的作用，使整个系统构成一个有次序的协同效应或者一种整体系统的新结构。

通常协同理论的涵盖要义可以分为三块内容：协同效应、伺服原理和自组织原理。协同效应是指在协同作用推动下发生的效果，即包含众多子系统的开放整合系统中各个子系统之间相互关联反应而发生的整体成效或集体效果。伺服原理是指快变量随从慢变量的行为原理，本质上即在临界点位置上系统的简单化原则，其含义为系统临近不稳定位置或者临界点位置，此时系统动力学结构一般由集体变量（序参量）决定，系统其他的变量行为也由这些集体变量（序参量）影响甚至决定。这个过程说明了系统自身完善组织的进程是由内部的稳定要素及不稳定要素之间相互影响决定的。自组织原理中的自组织是和他组织相对而言的。他组织是指依靠系统外界的组织行为命令和指挥。自组织是指在没有系统外界命令的情况下，系统内部的各个子系统相互之间根据某个规律能够自发相互影响，形成组织结构。

二、面板数据模型

面板数据是指对同一组个体连续追踪多个时期后得到的数据，通常可以分为两种类型：①个体的数量比较少，时间比较长；②个体数量比较多，时间比较短。第二种类型居多。从优势上来看，面板数据模型在一定程度上可以控制个体异质性和个体的不可观测效应，缓解变量之间的多层次共线性问题，并可同时扩大样本量，有利于提高参数估计的准确性。

从类型来看，面板数据模型的内容包含了混合回归模型、变截距模型以及变系数模型。混合回归模型假设的是截距项和解释变量系数对所有截面个体成员都是相同的；变系数模型中假设的是在截面个体中的截距项与解释变量的系数都不同。另外，变截距模型和变系数模型又根据个体影响的形式不同，分为固定效应模型和随机效应模型。

由于面板数据模型的类型较多，需要通过相应检验以正确设定面板数据模型的表现形式。因此，在检验中一般会使用 F 检验来判断分析面板数据模型到底是用混合回归模型形式，还是用变截距模型形式，或者用变系数模型形式。在模型为混合回归模型的原假设下，F 统计量的公式为

$$F_1 = \frac{(s_1 - s_3)/[(N-1)(k+1)]}{s_3/[NT - N(k+1)]}$$

式中，S_1、S_3 分别为运用混合回归模型和变系数模型估计得到的残差平方和，N 为截面数，T 为时期数，k 为解释变量的个数。如果 F_1 的值小于给定置信水平下的临界值，则接受原假设，选择混合回归模型；否则需要在模

型为变截距模型的原假设下继续检验，F 统计量的计算公式为

$$F_2 = \frac{(s_2 - s_3)/[(N-1)k]}{s_3/[NT - N(k+1)]}$$

式中，S_2 为用变截距模型估计得到的残差平方和。如果 F_2 的值小于给定置信水平的临界值，则接受原假设。反之，模型确定为变系数模型。

如果确定模型是变截距模型或变系数模型，还需要使用 Hausman 来检验判断出面板数据模型是固定效应模型形式还是随机效用模型形式。如果 Hausman 检验的原假设模型为随机效应模型，那么面板数据模型为固定效应模型。

但是，在实际应用中，对于时间周期较短而截面单位较多的样本数据，我们通常可以视作地区之间的差异性主要表现在横截面的各种个体之间，如果参数受时间影响较小或者基本不受时间影响，就可以优先考虑变截距模型；如果只是对样本自身的个体差异性进行分析，我们可用固定效用模型；而如果用样本推断总体的个体差异，就可采用随机效应模型❶。

三、行业结构演变理论

行业结构演变理论的主要研究学者有卡拉克、威廉、库兹涅茨、贺夫曼、钱纳里等。威廉是最早开始研究行业结构演变学说的学者，他提出，各国国民收入水平因各国行业结构的不同而存在着不同的特性，而且因农业、工业、商业三大产业结构的利润贡献率不同——商业的利润贡献大于工业，工业的利润贡献大于农业，导致了劳动力从农业向工业、商业转移❷。

---

❶ 魏楚，沈满洪. 能源效率及其影响因素：基于 DEA 的实证分析 [J]. 管理业界，2007(8)：66-76.

❷ 威廉·配第. 政治算数 [M]. 陈冬野，译. 北京：商务印书馆，1928：19-20.

也就是说，劳动力等生产要素转移的趋势是由低等级生产率行业向高等级生产率行业转移。卡拉克在威廉研究的基础上提出，随着国民收入的提高，劳动力开始从农业向工业转移；随着国民收入进一步提高，劳动力进而从工业向服务业转移。库兹涅茨在前者研究的基础上继续对行业结构变化规律进行了研究，提出劳动力资源会从第一产业逐渐向第二、三产业转移，且在不同时段，各个行业表现不同。工业化前期，工业是国民经济的主要支柱，工业吸收大量劳动力。工业化后期，服务业成为国民经济的主要支柱，同时成为劳动力就业的主要产业❶。

贺夫曼根据部分国家的数据，分析研究后提出：随着工业化进程的加快，消费数据和资本数据的关系发生变化，消费资料的生产从领先资本资料的生产逐渐变为落后于消费资料的生产。钱纳里对行业结构理论做了进一步提升，通过对多个国家经济数据的研究计算得出结论：产业结构变动大多发生在 GDP 为 100 ~ 1 000 元美金范围内。另外，钱纳里还认为经济发展可以分为三个阶段：第一阶段为初级的产品生产阶段，以农业产品的生产为主导；第二阶段是工业化生产阶段，工业化生产快速发展，制造业成为生产结构重心；第三阶段是社会经济发达阶段，服务业成为生产结构重心❷。

四、行业政策理论

行业政策是在市场调节功能失灵、市场不能自发调节的情况下，政府采取的关于行业成长和结构优化的政策措施，以促进行业长期良好发展❸。

---

❶ 库兹涅茨.各国的经济增长 [M].常勋，译.北京：商务印书馆，1991：151-265.

❷ 钱纳里.工业化和经济增长的比较研究 [M].吴齐，译.上海：上海三联书店，1995：283.

❸ 许明强，唐浩.产业政策研究若干基本问题的反思 [J].社会科学家，2009(2)：61-64.

行业政策在改善市场自发调节功能的不足，优化行业资源分配等方面发挥引导作用。但行业政策内容涵盖广泛，结构、组织、布局、技术、引导、规范等各个方面都有众多政策。本书仅从行业结构和行业组织等方面进行研究。

（一）行业结构相关政策

行业结构政策是由政府制定颁发的促进经济发展的行业政策。其目的在于推动经济发展和资源有效配置[1]。行业结构政策可以从三个角度来分析，一是多个行业之间的相关政策，二是单个行业内部的政策，三是某一类特定行业的政策[2]。多个行业之间的政策是调节多个行业部门之间比率关系的措施政策，再具体点说可以区分为偏保守型政策和偏校正型措施政策两类。前一种主要是指维持行业领先地位，提高企业的竞争力，保护处于竞争劣势的企业，创造公平的市场环境等的政策；后一种主要是指调节行业在市场中的地位，调节所占市场份额等的政策。单个行业内部的政策目的在于调节行业的内部构成，如企业的技术升级、企业的生产变革等。某一类特定行业的政策主要是涵盖了某一类特定行业的科研鼓励政策、技术革新引导政策、环保政策等。

行业结构政策的目的在于两方面：第一，促进行业各部门比例趋于合理；第二，促进行业各个部门产业结构高度化。因此，行业结构政策可以分为行业调节和行业援助两种，行业调节措施政策的目的是推动行业各个部门比例趋于合理，行业援助措施政策的目的是促进行业各个部门产业结

❶ 赵玉林.产业经济学[M].武汉：华东理工大学出版社，2008：280.

❷ 史忠良.产业经济学[M].北京：经济管理出版社，2005：358-396.

构高度化❶。再具体来说，行业调节措施政策的出发点是推动行业可持续发展，衰退的行业逐渐退出市场，资本、人才向更具发展潜力的行业部门转移，这一类措施有鼓励企业转产、鼓励企业设备更新、人才继续培训教育等；行业援助政策措施有鼓励性行业引导政策、战略扶持政策和竞争弱势企业保护政策措施等。

（二）行业组织政策

行业组织政策是指在市场调节功能失效的情况下，政府为了维护市场竞争的有效性，采取的一系列调整市场部门结构、引导市场行为的行业政策❷。从有关学者研究来看，行业组织政策的目标包括以下内容：企业能够形成规模化生产，产品生产和供给都达到规模化效应；行业的投资回报率较为稳定；技术变革能达到较快水平，市场治理达到一定水平。根据这些学者的研究，可把行业组织政策做如下分类。

表2-2　行业组织政策分类

分类标准	类　型	基本策略
政策实施的途径	市场结构控制政策	借助行之有效的改变市场结构等方式实现限制垄断与鼓励竞争的目的。其方法策略有降低市场准入门槛和准入限制，拆解垄断企业等
	市场行为控制政策	目的是有效控制企业的市场行为、制止不正当竞争行为和保护公平竞争的市场环境。具体策略形式有禁止恶意收购兼并、惩治不合理商业行为，如欺诈、贿赂等

❶　苏东水.产业经济学 [M].北京：高等教育出版社，2000：346-356.
❷　芮明杰.产业经济学 [M].上海：上海财经大学出版社，2005：506-507.

分类标准	类 型	基本策略
政策目标的价值取向	鼓励竞争和限制垄断的政策	目的是促进产业组织的有效竞争和保护市场公平竞争环境，以获得良好的市场绩效。具体策略形式有反垄断策略、反不正当竞争政策等
	发挥规模经济和专业分工经济功能的政策	目的是限制过度竞争，具体策略形式有企业兼并政策、企业联合政策、直接规制政策、中小企业政策等

行业政策在一些情况下也会出现不良影响，如政府失灵时会导致失败，行业政策对不同行业产生不同作用甚至负面影响，行业政策的规划和贯彻产生一定的成本（芮明杰，2005）。另外，传统行业政策主要关注行业规模、生产效能等方面，对小微企业的关注支持不够主动，这也削弱了行业政策产生的效果❶。

五、行业优势理论

研究优势理论的学者从多方面出发进行了相关研究，与行业结构相关的主要有以下几种理论学说。

（一）比较优势

一般来说，比较优势是与绝对优势相比较产生的，比较优势理论可以分为动态和静态两种理论。绝对优势理论认为在国际贸易中，一国应该集中生产资源生产出绝对优势的产品，并将这类产品出口，增加进口不具备

---

❶ 张泽一. 产业政策有效性问题的研究 [D]. 北京：北京交通大学，2010.

生产优势的产品。该理论源于学者亚当·斯密的《国富论》❶。静态比较优势为静态的、现状的比较优势，优势来源于资源要素的不同。动态比较优势为动态的、转变状态的比较优势，优势来源于生产能力、管理能力、营销能力等条件❷。

不少学者对比较优势理论展开了研究，李嘉图是其中的代表。他认为，国际贸易以相对成本为导向，一个国家某一种产品在国际市场上具有比较优势，则应当集中生产资源生产该种产品并出口，从而在国际市场中获得相对利益。

（二）竞争优势

众多学者对竞争优势理论展开了研究，波特出版了《国家竞争优势》《竞争优势》《竞争战略》等学术著作，他认为高层次要素和企业之间的竞争推动了竞争力的发展（李钢等，2009）。

（三）后发优势

针对后发优势理论的研究，主要观点有里斯特提出的关税保护理论及刘意斯提出的进口替代理论❸。美国学者亚历山大用后发优势来描述欠发达国家对发达国家的追赶。后发优势相关理论有追赶理论、蛙跳理论、经济—技术趋同论等细分学说❹。追赶理论认为某国家起始的经济水平和该国

---

❶ 李刚，董敏杰.比较优势与竞争优势是对立的吗？——基于中国制造业的实证研究[J].财贸经济，2009(9): 95-101.

❷ 郭克莎.对中国外贸战略与贸易政策的评论[J].国际经济评论，2003(5): 31-34.

❸ 方忠，沈满洪.国外后发优势理论研究回顾及述评[J].中国矿业大学学报（社会科学版），2009(2): 89-93.

❹ 黄健康.后发优势理论与中国产业发展[M].南京：东南大学出版社，2010: 197.

的经济发展速度是反比关系，且落后国家的潜力优势得以开发的先决条件是，落后国家同发达国家有着科学技术上的差距；落后国家同发达国家都利用教育等途径培育出不同层次的科学技术运用和研发能力；各种外界环境因素成为经济发展追赶过程中的机遇。蛙跳理论是落后国家在技术相对落后的情况下，直接引进高水平的成熟技术，从而大幅度提升技术水准，缩小与发达国家的差距，甚至在某些领域赶超发达国家技术水准。经济—技术趋同论是经济落后国家与经济发达国家之间可以通过科学技术的交流、引进吸收、研发创新，实现经济发展水平的接近甚至赶超。学者林毅夫 [1] 指出，不发达国家的国民收入、科学技术水准、行业结构和发达国家相比是有距离的，不发达国家应该引进吸收科学技术来提高技术水准，以推动经济快速发展。

（四）制度优势

一些学者对制度优势理论展开了研究，国家之间的竞争优势体现在多个方面，包括企业之间、行业之间、政府之间。企业间的竞争形态相对来说是微观的，有资金、人才、科技等方面的竞争，而政府间竞争形态相对来说是宏观的，主要是制度方面的竞争，制度优势为宏观竞争形态的重点内容 [2]。制度的定义是系统的规则、社会道德规范、行为秩序等，用来规范约束社会主体福利的个人行为，既包括正式的、成文的法律规章制度，又包括非正式的、不成文的社会伦理道德 [3]。制度的结构主要包括四个内容：产权、成本、规则、组织（汪洪涛，2009）。产权的概念是人们掌握的资源

[1] 林毅夫.后发优势与后发劣势——与杨小凯教授商榷 [J].经济学，2003(4): 18-22.
[2] 王焕祥.制度竞争：从比较优势到竞争优势 [J].学术月刊，2003(9): 17-24.
[3] 诺斯.经济史中的结构与变迁 [M].上海：上海三联出版社，2002: 226.

所有权，产权代表着经济个体在经济社会中的结构位置，且会对法律结构产生一定的影响，并进一步对社会经济基础和上层建筑结构产生影响，可以说产权是社会经济活动的基础。交易费用的降低是所有经济个体的选择，同时是制度变动的基础要求；规则的制定是对经济主体具体的经营活动的规范性要求，是社会发展的必然要求，确定了社会的发展进步方向；组织可以更为系统地对经济个体的活动进行控制和约束，使经济活动可以更流畅、更节约地进行。这些制度优势既影响了生产数据、劳动力的供给，又对经济主体之间的竞争和绩效起了约束和鼓励作用，且效果不同。所以，一国的竞争优势体现在国际市场中的经济主体的技术优势，也体现在经济主体参加国际市场竞争时建立的科学技术优势，还体现在政府能否建立一系列行之有效的规范和鼓励制度❶。

（五）各个优势理论之间的关系

前文所述理论学说之间存在一定的联系。第一，对于比较优势和竞争优势理论之间的关系来说，研究倾向竞争优势理论的学者把比较优势和竞争优势分割成两块不统一并相互对立的概念，认为竞争优势同比较优势理论之间是相互取代的关系。但在实际中，竞争和比较两种优势理论有一定的内在联系。通过发挥各种资源所提供的比较优势来确定核心产业、核心生产行为、核心科学技术，是一个国家及其经济主体具备竞争力的先置条件，是同行业内激发市场竞争力的先置条件，也是产业集群良性发展的先置条件❷。

---

❶ 王焕祥.制度竞争：从比较优势到竞争优势[J].学术月刊，2003(9): 17-24.

❷ 林毅夫.比较优势、竞争优势与发展中国家的经济发展[J].管理世界，2003(7): 21-29.

第二，就比较优势和后发优势学说之间的关系而言，后发优势学说源自早期的比较优势学说。早期，后发优势与比较优势之间在根源、内涵范围、影响机理方面都有一定的差别，但到后期，后发优势学说不再总是强调后发的重要性，而是借助比较优势，提升后发优势，这两种学说表现为相互联系、相互支撑的关系❶。落后国家要尽快提升综合国力，应引进先进技术，依据自身资源具备的比较优势从先进国家吸收转化合适的先进技术❷。此外，后发优势潜力的发挥还需依托竞争优势，且竞争优势也需要技术学习模仿，即后发学习❸。另外，社会经济系统中，通过制度创新优势减少运营成本，是国家提升比较优势的主要方式之一❹。从这些学者的研究成果来看，这些理论学说之间是有一定联系的。

❶ 杨坚.比较优势与后发优势理论的发展与融合 [J].学术交流，2009(6): 80-84.

❷ 林毅夫.后发优势、技术引进和落后国家的经济增长 [J].经济学，2005(1): 53-74.

❸ 刘茂松.基于竞争优势的后发优势战略 [J].湖南师范大学社会科学学报，2007(5): 100-104.

❹ 杨青龙.基于制度要素的比较优势理论拓展——以交易成本经济学为视角 [J].财贸研究，2013(4): 58-68.

第三章 其他国家旅游管理
体制发展状况

第一节　英国国家旅游管理体制

一、旅游管理机构介绍

（一）旅游局简介

英国旅游局（Britain Tourism Authority，BTA）（后文简称"旅游局"）成立于1969年，长期以委员会的形式承担市场研究和活动推广等职能，以鼓励海外游客访问英国（表3-1）。自2003年起旅游局以访问不列颠（VisitBritain，VB）/访问英格兰（VisitEngland，VE）的名义进行市场活动。2009年访问英格兰从访问不列颠中分离出来，成为独立机构，只对英格兰地区旅游业发展负责。旅游局旨在"构建英国旅游的价值"，以打造世界一流的旅游产品，助力旅游业发展，并增加行业产值产量，其主要职能如下。

（1）市场营销：在海内外策划、组织推广英国旅游的市场活动。

（2）市场情报和消费者洞察：进行市场和消费者研究，形成报告。

（3）咨询顾问：为其他旅游相关组织提供建议和政策解决方案。

表3-1　英国旅游局介绍概览

英国旅游局（BTA/VB）	VisitBritain　VisitEngland
https://www.visitbritain.org	

上级机构	文化、媒体和体育部（Department for Culture, Media and Sport, DCMS）	总部	伦敦
主席	斯蒂夫·里奇韦（Steve Ridgway）	旅游局在《1969年旅游发展法案》的支持下成立，早年间以委员会形式存在，雇用第三方公司进行市场研究以及活动推广等工作。2003年，旅游局与英格兰旅游董事会（England Tourism Board, ETB）合并，成立非部属公共机构（NDPB）——访问不列颠和访问英格兰。2009年，访问英格兰从访问不列颠中分离出来，成为独立的咨询类机构		
斯蒂夫·里奇韦于2017年4月担任主席职务，为旅游局工作提供战略指导。在就任主席前的14年间，斯蒂夫·里奇韦是旅游局董事会成员之一。1986年至2013年，他曾出任维珍集团大西洋公司的总经理等职位			
海外办公室	欧洲：阿姆斯特丹、柏林、马德里、米兰、莫斯科、巴黎、斯德哥尔摩 美洲：洛杉矶、纽约、圣保罗、多伦多 亚太：孟买、新德里、悉尼 中东和非洲：迪拜、利雅得 中国和东北亚：北京、广州、上海、东京		

注：NDPB 是指在政府中扮演着一定的角色，但不是政府部委，也不属于政府部委，在运作上享有一定程度的自主权的公共机构；下分为执行类机构和咨询类机构。执行类机构依据法律设立，履行行政、监管、商业等方面的职能，且拥有独立的人事与预算，并接受外部审计；咨询类机构通常由部委依据行政命令设置而无需特别立法，主要负责就部委管辖相关事宜向部委首脑提供独立的专家咨询意见。

（二）旅游局架构

旅游局负责大不列颠地区（英格兰/苏格兰/威尔士）旅游业整体营销和规划，董事会目前包括6位正式成员，分别来自访问苏格兰（VisitScotland）、访问威尔士（VisitWelsh）、波士顿管理咨询公司和 DCMS

（图 3-1）。此外，还包括分别来自访问英格兰、访问爱尔兰（VisitIreland）的观察者。

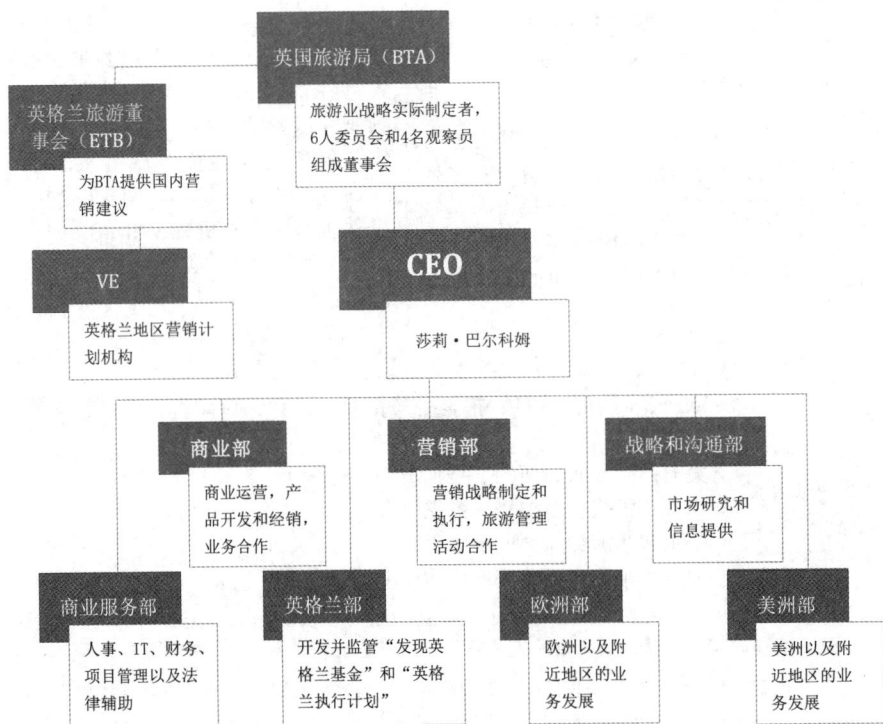

图 3-1　英国旅游局组织架构

具体的协调工作由景点当地的目的地管理组织负责，而旅游局的职责是为这些组织提供服务，包括市场调研、规划建议、活动发起和支持等。

旅游局的执行团队由 CEO 莎莉·巴尔科姆带领，由商业部、营销部、战略和沟通部、英格兰部、欧洲部、美洲部以及商业服务部构成，分工合作，开发、管理以及执行旅游行业战略及活动等事务。

二、旅游业发展战略

（一）旅游业发展历史回顾

旅游局成立较早，也开发过一些海外推广活动，但这些都仅限于"活动"级别，并未上升到"旅游管理"层面。2000年，为了迎接千禧年，旅游局以"就是现在"（Now is the Time）为主题，开展了为期三年的大范围推广活动，推广内容为千禧年新增的景点，如伦敦千禧穹顶、泰特现代艺术馆、康沃尔伊甸园计划等。2004年，旅游局为了推广赴英商务旅行，开展了以"发现"为主题的海外推广活动。2005年申奥成功之后，英国政府开始策划大型国家旅游品牌——"非凡英伦"（GREAT Britian），初期计划是进行为期4年的世界范围系列大型主题营销活动，由于活动推出前两年表现良好，因此政府决定追加投资。随后旅游局推出以"非凡英伦"为中心的2012—2020年长期战略规划，此旅游品牌目前也代表英国的长期旅游管理。

表3-2　英国旅游管理历史回顾总结

时　间	口　号	活　动	定位/属性
2000—2002年	英国：就是现在（Britain: Now is the Time）	·联合远东、欧洲、美国各地大使馆发起推广活动 ·发布"不列颠的新地图"，涵盖所有千禧年的新景点 ·为游客提供最全面的千禧年赴英旅游相关信息 ·哈利波特英伦路线 ·广告活动"只在英伦，只在2002"	以千禧年与英女王在位50周年（2002）为契机打造多元化文化属性的世界范围推广活动，将英国作为千禧年世界顶级旅游国家进行推广

时 间	口 号	活 动	定位 / 属性
2011 年至今（早在 2005—2007 年就已开始策划）	非凡英伦（GREAT Britain）	· 邂逅英伦，发现惊喜——不列颠，惊人时刻之家 · 北部旅游增长基金 · 实时旅游指导 · 大英挑战基金 · 西南旅游增长基金 · 一系列"非凡某某"主题活动 · 目标市场国家活动	多样化的"非凡"之处，如文化、遗产、乡村、购物、食物、体育、冒险和音乐等国家旅游管理领导下的长期旅游推广活动

（二）旅游管理建设战略

第一部专门用于规范旅游业发展的法案于 1969 年颁布，此后英国旅游业便进入快速发展时期。从政策要点可以看到，20 世纪下半叶，英国一直在进行与旅游业有关的基础设施建设，如道路交通、酒店住宿以及法规的完善，如运输法案、航空税务以及旅游团管理等。在进入 21 世纪之前，DCMS 颁布了《未来的旅游业》战略规划，为建立健全旅游业组织机构、开发多样的旅游活动、明确监督机制指明了方向，并直接促成了旅游局的成立。2003 年，旅游局有了自己的策划和执行部门，发起了更多的海外市场营销活动。旅游局在伦敦申奥成功后，于 2007 年发布了与奥运相关的旅游营销计划，其后又发布了一系列旨在推广英国旅游、为游客提供便利的政策。2011 年 9 月，酝酿策划已久的"非凡英伦"旅游品牌正式成为英国旅游业的代言，展现并宣传英国作为旅游目的国的优势。表 3-3 是英国旅游管理政策 / 规划一览表。

表3-3　英国旅游管理政策/规划一览表

政策 / 规划名称	颁布时间	内　容
《1969 年旅游发展法案》	1969.07	·设立英国旅游局、英格兰旅游局、苏格兰旅游局和威尔士旅游局，分别对管辖区域内的旅游业推广、研究和基础设施建设负责，但只有英国旅游局能够代表大不列颠组织海外营销活动 ·为酒店和住宿业发展提供财政支持
《1980 年运输法案》	1980.10	·该法案终止了对 30 千米以上的路线的快车运营的许可条例。它导致了国家公共汽车公共公司和私营公司之间的竞争，促进了对旅游业至关重要的国内运输行业的发展 ·1985 年，快车运营管制进一步放松，所有私营公司可以在任何路线上运作
《旅行团管理规定》	1992.09	·旅行团经营者对客户的责任 ·发现旅行团经营者违反规定的客户如何投诉
《航空客运税》	1996.10	·该税是英国政府对所有从英国飞出的乘客所征收的税费 ·1996 年，经济舱税率降低，消除了入境旅游增长的障碍 ·自 2015 年 5 月 1 日起，2 ～ 11 岁的儿童停止支付航班有关税费（从未向 2 岁以下的儿童收取过税费） ·自 2016 年 3 月 1 日起，12 ～ 15 岁的儿童乘坐经济舱旅行时不再支付航空客运税
《未来旅游业》	1999.10	·为英国旅游业在 21 世纪的发展提供新的策略 ·进一步明晰政府和行业在旅游业发展中的作用（推动了旅游局的成立） ·提出应丰富旅游产品种类，提升英国海外形象 ·提出旅游业的发展是环境友好而可持续的 ·明确了监督机制

政策 / 规划名称	颁布时间	内　容
《申奥成功：2012 年及其之后的旅游业战略》	2007.09	·将奥运为英国旅游业带来的利益最大化，抓住此机会在世界上和国内推广英国旅游，同时加强国内基础设施建设和旅游业从业人员培训等 ·2008—2012 营销时间表及具体安排 ·旅游业可持续发展：减少水和燃料的使用、鼓励回收和再生、减少游客的环境污染
《政府旅游业政策》	2011.03	·发展变化：更强大、更集中的旅游机构 ·利用消费者权利提高行业标准 ·推动生产率提升：使行业更具竞争力 ·更好的旅行方式：改善交通基础设施
《英国旅游业增长战略黄金期：2012—2020》	2013.04	·详细分析英国旅游业的优势（文化遗产）和劣势（自然风光 / 价格） ·详细分析英国的目标市场和未来的重点营销目标 ·简要提及英国的竞争对手（法国 / 意大利等欧洲国家）
《支持旅游部门——五个点计划》	2015.07	·赴英游客往往更多地关注伦敦（54%）而忽略了英国的其他景点，因此首相推出此计划，以推动其他地区旅游业的发展 ·调整管理机构：新增两个 DCMS 直属的机构专门负责英国此计划的执行和监督；访问英格兰的职能范围调整为伦敦以外的英格兰地区 ·提升旅游业从业人员素质，吸引优秀人才 ·减少限制，节约财政 ·改善交通 ·放宽签证政策，提升旅游服务，让游客宾至如归

政策/规划名称	颁布时间	内 容
《旅游业行动方案》	2016.07	·旅游业整体发展：加强协调配合 ·旅游业人才：提升行业学徒生活质量，吸引更多人从事旅游业 ·旅游业标准调节：检查放松管制的范围 ·交通：让游客更简单地乘坐铁路、巴士和班车进行探索 ·传达强烈的欢迎信号：持续改进签证服务

英国推出一系列的旅游政策和战略规划一方面是支持、鼓励旅游业的发展，从而更好地向世界展示其作为旅游目的地的魅力和优势；另一方面是为了提高竞争力从而获得世界游客的青睐。

无论从旅游资源、政治经济环境、客源，还是世界认可方面，法国都是英国最大的竞争者（表3-4）。首先，两者旅游资源较为类似，都位于欧洲，自然风光和人文景观兼备。其次，两者政治经济环境较为类似，均属发达国家，旅游相关的基础设施建设较为完善，同样面临恐怖袭击的危险。再次，两者客源国较为类似，法国客源国主要为德国、英国、比利时、意大利、西班牙、美国等；英国客源国主要为德国、法国、意大利、西班牙、美国、澳大利亚等，双方重合度极高。最后，根据2016年世界经济论坛的旅游业竞争排名，法国在世界旅游目的地竞争力排名中位列第二（综合分5.32），英国的排名为第五（综合分5.20）。由此看来，法国仍属于英国需要追赶的对象。

从整体上看，在旅游局政策中体现出的英国对商务旅行、劳动力培训、基础设施建设（网络/住宿）、海外营销等的努力没有白费，在自然和人文资源吸引力都不如法国的情况下，英国仍能靠这些优势在总分上减小差距。

但其在医疗资源、数据公开、价格、环境、航空和道路基础设施建设上仍有进步空间。

表3-4　竞争国家描述和对比

属　性	英　国	法　国
旅游环境	相比法国，商业环境显著较好，与其长期注重商务旅行有关；劳动力教育、培训较好；网络服务较好	相比英国，医生密度和医院床位数均显著较多。两国的安全指数相近且较差
旅游政策和条件	相比法国，宾馆价格更低，旅游推广营销做得更好；环境法律更严格，但可持续发展评估结果更差，需要更加关注执行过程	相比英国，旅游业数据公开更及时；国家旅游管理策略更好；机票、购物等价格竞争力更高；森林覆盖率更高
基础建设	相比法国，旅游基础设施建设，尤其是住宿更好	相比英国，航空基础设施建设和道路基础设施建设都更好
自然和人文资源	相比法国，体育旅游建设更好；承办国际组织会议更多	相比英国，自然类知名景点更多，整体吸引力更高；无形的文化遗产也更多

注：国家旅游管理策略的评判标准是，旅游局推广的旅游管理在多大程度上是"正确"的，即关于这个国家，最流行的旅游管理在多大程度上是和旅游局推广的旅游管理一致的。鉴于"非凡英伦"旅游管理的子旅游管理很多（如近些年着重推广的"邂逅英伦，发现惊喜"），英国在此项上的低分可能与其近些年过于重视子旅游管理而忽视了母旅游管理有关。

（三）最新旅游管理解读

1.旅游管理背景介绍

"非凡英伦"是英国以2012年伦敦夏季奥运会为契机，在经济低迷背景下推出的长期性国家旅游品牌，旨在促进英国的出口、贸易和对外投资，使其成为旅游、学习和进行商务活动的重要场所。虽然这个运动是全球性的，但目标市场主要有巴西、中国、印度、印度尼西亚、韩国、墨西哥、俄罗斯、土耳其、美国和新兴欧洲。合作方包括政府部门、英国贸易协会、英国文化协会、旅游局。

旅游推广是"非凡英伦"的重要内容（占总经费的40%），其基本理念在于将代表英国国家形象的元素，如文化、遗产、乡村、购物、食物、体育、冒险和音乐等包装成产品推向世界。"非凡英伦"活动有三个简单的目标：① 在仍未游览过英国的人群中凸显英国的吸引力；② 鼓励已经游览过英国的游客再次游览；③ 为海外资本提供与私营部门合作的一系列机会和激励措施。

"非凡英伦"采用将"GREAT"大写的方式凸显额外的含义——非凡的、伟大的、荣耀的等。以此为核心，"非凡英伦"发展了一系列子旅游品牌，采用相同的句式"非凡某某"进行宣传，重复强调"非凡"概念，如"非凡文化""非凡时尚""非凡邦德"等，所有国家形象元素都是英国"非凡"的例证。

"非凡英伦"标识的三种颜色红、白、蓝均取自英国国旗，Britain 的大小与 GREAT 有明显区分，其好处在于便于为子旅游品牌设计系列标志，如图 3-2 所示为"非凡文化"宣传设计，不仅能体现出"GREAT"，还能体现出"Britain"。

图 3-2 "非凡英伦"及其子旅游品牌"非凡文化"标志

除此之外，旅游局也试图将其他活动纳入"非凡英伦"旅游品牌下，加强关联性。例如，"邂逅英伦，发现惊喜"与"非凡文化"并不属于同种句式，但官方认为该活动也是旅游品牌推销计划的一部分。"邂逅英伦，发现惊喜"于 2016 年 1 月 14 日开始登陆美国和欧洲大陆，通过故事讲解旅游产品，提高游客对英国各种活动和体验的认识，推广英国的重点城市，同时强调英国乡村文化。此子旅游品牌下还有子旅游品牌，如"365 天的惊喜英伦""邂逅英伦，发现美妙时刻"（强调自然景观）、"邂逅英伦，发现惊人粉丝"（强调足球文化）、"邂逅英伦，梦想成真"（知名小说家作品影视化）等。

"非凡英伦"也承担了将英国各部分旅游活动策划整合到一起的任务。由于政体特殊，苏格兰、威尔士、北爱尔兰旅游局都有自己的旅游发展规划，但这显然对英国旅游业的整体发展不利。2017 年，旅游局开始促成四地旅游规划在"非凡英伦"框架下的整合，旨在讲述完整而引人瞩目的非凡英伦故事。这项工作目前仍在进行中。

2. 目标市场策略

针对不同的目标市场，旅游局选择了不同的营销战略。美国和德国是成熟市场的典型代表。两国几乎都会成为活动的首发地，如"邂逅英伦，发现惊喜"活动。旅游局在这两个市场的推广方式往往也比较常规，包括与当地相关企业合作投放广告、相关视频（剧集形式）以及推出印刷版宣传品等。值得一提的是，旅游局通常会和影视公司合作，利用英国电影的首映推广旅游。比如，《亚瑟王：传奇之剑》《007：幽灵党》等，这保证了英国旅游在这些成熟市场日常的曝光度。

中国和澳大利亚是发展中市场的典型代表，而在这一类市场，旅游局不仅进行了常规的广告营销，还设计了更加丰富多彩的活动，推出新的旅游产品和提供更诱人的优惠政策。比如，在中国市场，旅游局在2015年发起了声势浩大的"英国等你来命名"活动，鼓励中国民众为英国景点起新的中文名。这是英国旅游局第一次在中国发起如此大规模的线上营销活动。此活动不仅收获了无数中国游客的青睐，还斩获了戛纳广告节三项大奖。同时，针对中国市场，旅游局在国内发起了"尽享英伦礼遇"活动，催生了一大批有服务中国游客资质的宾馆、餐厅。在澳大利亚市场，旅游局则推出新的旅游产品（英国非凡铁路之旅），向澳大利亚游客提供11个区域的铁路行程。此计划包括住宿和铁路通票，鼓励游客探索当地景点。

此外，无论成熟市场还是发展中市场，旅游局都奉行"因地制宜"的信条，根据市场特点策划营销活动。比如，针对中国和挪威游客对英国足球的兴趣点，与英超合作开发了"邂逅英伦，发现惊人粉丝"活动，鼓励民众上传视频，评选最狂热的英超粉丝，并赠送英伦足球主题旅行。

3. 营销方式解读

2016—2017财年，旅游局营销项目预算成本占总支出的48%，约3 640万英镑；商业销售成本占总支出的27%，约2 050万英镑，其余用于员工福利、日常运营等。值得一提的是，旅游局对用户评价增加了130万英镑的投资，以便能够及时获取活动效果的评估并做出及时反应。

整体而言，旅游局的营销手段以线上为主，形式多样化，侧重旅游群体。线下推广则多为旅游贸易会／展览会，旨在促进进出口交易，更侧重商业群体。

就线上推广而言，社交媒体是活动策划中的核心。据旅游局最近进行的一项调查显示，超过77%的受访者在度假时会使用社交媒体（脸书、推特、微信和微博等），而这个数字预期在未来只增不减。旅游局脸书的官方页面"爱上非凡英伦"在2015年时就已经有近200万人关注。除了社交媒体，与搜索引擎雅虎的合作也确保了英国旅游的信息能辐射到庞大的潜在用户群体。

而数字营销则是旅游局采用的最常规的手段。2016 年 10 月，"邂逅英伦，发现惊喜"在法国、德国和美国市场进行了为期六个月的活动；另外，旅游局经常利用电影发布的契机进行 1～2 个月的线上营销。2017 年 5 月，华纳兄弟发布《亚瑟王》电影，旅游局就与其合作进行了为期六周的"故事成为传奇"的营销活动，通过图片和乡村路演图片鼓励人们赴亚瑟王的起源地——英国旅游。

除了线上线下并进的营销活动之外，旅游局的很多营销活动仅在线上进行。比如，在挪威、中国以及美国举办的足球相关的活动；针对美国市场发起的"英国名人"活动也只在线上进行，由英国喜剧演员黛安·摩根（Diane Morgan）出演 4 集短视频并发布在美国的多个社交平台上，引导观众到英国名人官网（www.britishfamous.com）浏览。官网上有旅游目的地内容，也包含美国和英国航空公司的机票和优惠信息等。通过此活动可以将观众的旅游意愿更有效地转化为最终的消费。另外，2016 年饱受好评的中国营销活动"英国等你来命名"也是纯线上活动，从名称征集、投票到评奖，均在线上进行。

旅游局的线下活动主要针对合作方和服务提供方，包括参加旅游贸易会 / 展览会、新产品培训课程、参加其他组织的线下活动、印刷品宣传等。另外，旅游局自己也会组织配合线上宣传的线下活动，但相对较少。

除了参加与韩国、中国、澳大利亚等国的常规旅游贸易会，旅游局在 2015 年初举办了第一次"探索英伦"活动，为英国企业提供营销通路，并向海外贸易组织推销英国。在为期 2 天的活动中，共接待了 200 多位国际买家和 21 家国际媒体，安排了 2 万多个约谈会。另外，旅游局会为目标市场旅游从业人员提供相关培训，如在非凡铁路之旅活动中，帮助他们更好地了解英国铁路出行方式、最佳铁路旅游路线等信息，以便更好地服务前来咨询的游客。

足球一直以来是英国传统的体育项目，英超更是有着广大的粉丝群体。旅游局通过参加在南非开普敦举行的英超官方粉丝活动接触了 3.5 万多英超的铁杆粉丝，送出了英国足球旅游大奖，宣传了足球相关旅游景点和产品，借机提升了旅游地的知名度。

这些推广除了依托线上媒体，其他的户外媒体、纸媒甚至音乐和交通媒体都被积极动员帮助宣传"非凡英伦"旅游品牌。比如，和虾米音乐合作推出英国歌单，并配合"灵动青春"活动接触中国千禧一代；和海南航空合作，在航班娱乐设施中播放英国各地拍摄的宣传广告，涉及乡村、沿海、食物、文化和遗产等主题。另外，涉及各个行业的 36 名形象大使也为旅游管理所宣传的非凡以及多样性代言，其中包括为"非凡对话"代言的祖·玛珑（Jo Malone）和谭荣辉（Ken Hom），为"非凡歌曲"代言的凯瑟琳·詹金斯（Katherine Jenkins），为"非凡电影"代言的英国电影学院。

4. 竞争优势

优势之一在于执行团队极其重视线上营销，有很多活动甚至只有线上营销，如 2015 年在中国进行的"英国等你来命名"。虽然该活动缺乏线下宣传的配合，但依然获得了很好的成效，除了斩获戛纳广告节的三项大奖外，还为英国旅游带来了不错的流量，触及约 3 亿潜在的中国消费者。优势之二在于能够抓住即时的机会，无论电影（《007》系列、《亚瑟王》、知名作品改编的电影等）上映亦或是英超联赛活动，旅游局都会借势宣传景点／产品。优势之三在于能够借力打力，寻找目标市场当地的企业进行合作，共同推广。比如，与澳大利亚飞行中心、美国航空公司、中国虾米音乐等的合作。优势之四在于营销目标明确，如为了接触千禧一代而和虾米音乐合作推出英国歌手的歌单，同时在年轻人中发起比赛活动，为获胜者提供英国游等奖品。

三、总结和分析

在"非凡英伦"旅游品牌正式运作前，英国旅游业受金融危机等负面因素的影响已略显颓势，每年的入境旅游人数呈下降趋势，但从2011年起，旅游人数开始以较稳定的速度持续增长（图3-3）。除了奥运会带来的契机，旅游品牌也扮演着至关重要的角色，旅游品牌系列营销对英国的入境旅游起到了重要的积极带动作用。

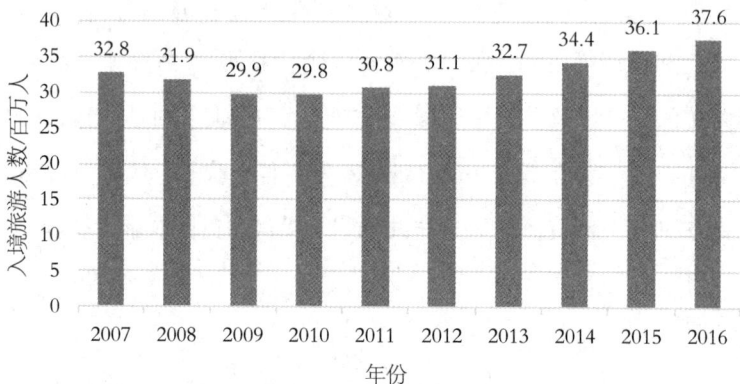

图 3-3　2007—2016 年英国入境旅游人数变化

数据来源：旅游局官网

不同于入境旅游人数，旅游投资对经济环境以及政策的变化更为敏感。受2008年金融危机影响，英国投资增长率连续3年呈现负增长状态，2011年起因为旅游管理对商务活动的重视而略有回暖。2012年是奥运年，投资金额和投资率稳定增长，但奥运后期，缺乏大事件的带动，从而导致投资增长率一波三折。2013年失去奥运的直接带动，又缺乏后续有力的政策支持，投资金额有所回落，但在"英国旅游业增长战略黄金期：2012—2020"发布后，相关部门反思奥运后期对商务旅行的忽视，提出要以"非凡会议"为主题，将商务旅行和非凡英伦战略结合，大力发展商务旅行，从而在短期内极大促进了投资。而且，后期每年的投资金额都维持在稳定的水平，只是增速放缓（图 3-4）。

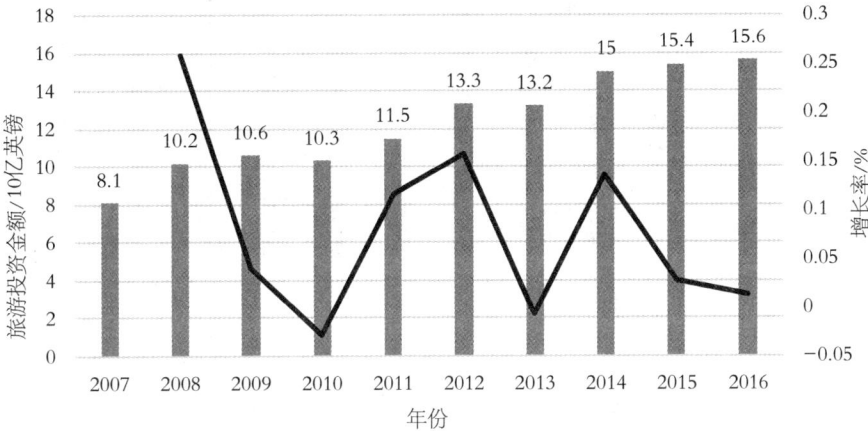

图 3-4 2007—2016 年英国旅游投资金额和增长率

注：不含通货膨胀，以 2016 年价格和汇率为准。

数据来源：世界旅游理事会经济影响力报告

英国旅游业对国家宏观经济的发展有着举足轻重的影响，从基础建设投资、就业率以及对 GDP 贡献方面都可以窥见其重要性。自 2007 年以来，英国基础设施建设费用的几次波动基本都与旅游业政策有关。2010 年至 2011 年，英国处于奥运筹备期，相比前两年，基础设施花费显著提高。由于之前的积累，2012 年有所回落。此后基本保持稳定，直到 2015 年又有小跃升，这主要是由于公路交通建设投资加大，也与一直强调道路交通建设的政策关系密切。旅游业对就业率和 GDP 贡献的发展变化情况类似，2010

年前已处于下降趋势，但后两年增长显著，2013 年有所回落，而后保持较小幅度的稳定增长。总的来看，英国旅游业对就业率贡献约在 4.6% 左右，对 GDP 贡献约在 3.4% 左右（图 3-5）。

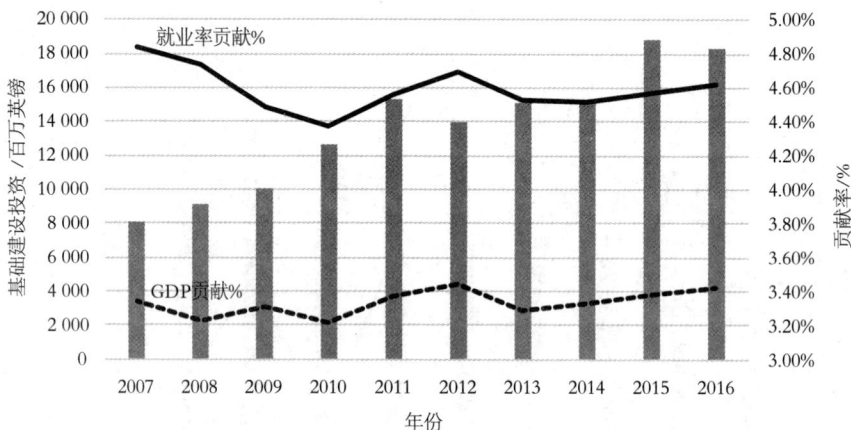

图 3-5　2007—2016 年英国经济指标

数据来源：英国统计局和世界旅游理事会经济影响力报告

注：不含通货膨胀，以 2016 年价格为准。

　　除了经济效益外，"非凡英伦"作为国家旅游品牌，对国家形象有很强的提升作用。2011 年推出"非凡英伦"旅游品牌以来，英国的捷孚凯国家旅游管理指数排名从第 4 位上升为第 3 位，至今仍保持第 3 名（落后于美国和德国）。此外，"非凡英伦"的各个子旅游管理都曾获得不少奖项，且针对中国游客发起的"尽享英伦礼遇"活动于 2015 年 4 月获得中国出境游研究所颁发的"欢迎中国旅游者"奖，在营销目标地获得了极高的评价。

　　对于中国而言，英国的国家旅游品牌建设值得学习的地方主要在"技术"层面。第一，"非凡英伦"旅游品牌的外延性极强，将一个形容词和国名组合起来，这个形容词还可以与其他名词组合，形成不同的子旅游品牌，和母旅游品牌有明显的从属关系，也能够让游客对这个关键的形容词加深印象。第二，旅游局利用互联网强大的传播能力进行线上营销的意识很强，方法也很得当，因此总能获得事半功倍的效果。这与其日常对公共主页的培育、吸引眼球的活动设计、对目标人群诱人的奖励都有很大的关系。这里还隐含着旅游局的另一层努力：重视消费者研究和消费者画像，为每个目标国家提供最合适的活动，如在中国和挪威推出的足球粉丝系列活动。第三，旅游局设计过很多"巧借东风"的小活动，如《007》《王牌特工》等电影上映期间与片方合作宣传英国旅游（主要在美国、法国等成熟市场）。营销活动是不可能全年不停的，但新电影总是在上映的，这种借电影宣传的方式在有效节约成本的同时达到保持曝光度的效果。2017年，自然主题电影《我们诞生在中国》在北美票房表现优异，类似电影或可成为推广中国旅游的契机。

然而不可否认的是，"非凡英伦"旅游品牌也有其不足之处，这是中国在创建旅游品牌时需要规避的。"非凡英伦"旅游品牌创建的初衷便是将英国的特点和国名直接拼凑，强调了"好"的同时却没有强调好在哪里，这使所有的营销活动和旅游品牌间有种貌合神离之感，看上去是一样的句式，却无法提炼出统一的精神内核，导致其在价值观输出上始终处于劣势。美国是多元的，法国是浪漫的，德国是严谨的，印度是有灵性的，英国本应是"优雅"的，但此特征，或者类似的其他特征并未在其国家旅游品牌中有所体现，是一大遗憾。

第二节　韩国国家旅游管理体制

一、旅游管理机构介绍

（一）旅游局简介

国际旅游公司，即现在的韩国旅游发展局（Korea Tourism Organization，KTO）（后文简称"发展局"）于 1962 年在江原道原州市成立，后几经更名，于 2008 年定名为发展局，旨在创造全民幸福的国民企业，改善旅游环境以吸引更多海外游客，并将韩国文化旅游推向世界旅游市场（表 3-5）。其主要职能包括以下几方面：

（1）开展韩国旅游宣传活动。

（2）开展吸引海外游客活动。

（3）会议招商及国际合作活动。

（4）地方自治团体及国内旅游业界的海外促销活动支持。

（5）当地旅游市场调查及信息收集。

（6）提供韩国旅游资讯信息。

（7）地区内营销战略制定和执行。

（8）地区内市场调查及数字营销。

（9）地区内海外广告策略制定和执行。

表3-5 韩国旅游发展局介绍概览

韩国旅游发展局（KTO） http://kto.visitkorea.or.kr/chn.kto		韩国旅游发展局 KOREA TOURISM ORGANIZATION	
上级机构	韩国文化体育观光部 （Ministry of Culture, Sports and Tourism，MCST）	总部	江原道原州市
局长	郑昌洙	韩国旅游发展局成立于1962年，原名国际旅游公司，是由政府投资的公共事业机构。发展局成立至今，一直致力于推动韩国旅游产业的发展，并与各政府部门共同策划、筹办、组织并执行1986年汉城亚运会、1988年汉城奥运会、2002年的日韩世界杯以及釜山亚运会等国际大型赛事	
郑昌洙于2015年8月被任命为韩国旅游发展局局长，负责韩国旅游行业发展以及相关工作的开展。此外，他于参选前担任过9个月的仁川国际机场的CEO。在职业生涯早期，郑昌洙曾是江源县政府公务员，1995年加入建设部和交通运输部，担任过副部长一职			
海外办公室	俄罗斯：莫斯科、符拉迪沃斯托克（原海参崴） 欧洲：伦敦、巴黎、法兰克福 中国：北京、上海、广州、沈阳、成都、西安、武汉、香港、台北 蒙古：乌兰巴托 日本：东京、大阪、福冈 亚洲其他地区：新加坡、泰国曼谷、马来西亚吉隆坡、迪拜、悉尼、印度新德里、越南河内、印度尼西亚雅加达、菲律宾马尼拉、土耳其伊斯坦布尔、哈萨克斯坦的阿拉木图 美洲：洛杉矶、纽约、多伦多		

（二）旅游局架构

韩国旅游发展局共有4个本部，分别为经营革新本部、国际观光战略本部、国际观光振兴本部、国内观光产业本部，各本部下辖与其职能相关的室、组以及海外支社（图3-6）。其中，经营革新本部主管发展局内部经营战略、管理以及革新方面的工作，下辖企划调整室、经营革新室、经营支援室、ICT 综合室。国际观光战略本部以及国际观光振兴本部则负责海外旅游事业的拓展和宣传，其中战略本部下辖海外分支办公室、战略室、营销室以及 MICE 室（会展会议），负责战略、沟通、协调层面的工作；而振兴本部则负责具体旅游产品的策划、开发以及实物层面的落实工作，统领观光商品室以及国际观光基础室。国内观光产业本部则负责对接国内各观光产业，提供支持以及人才培训等工作。

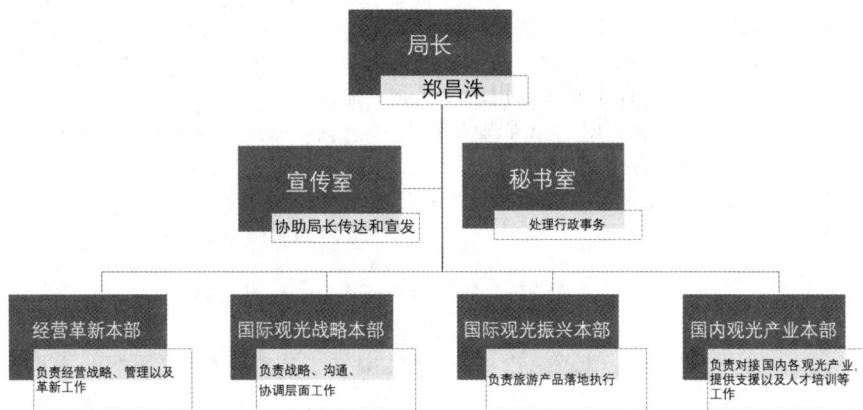

图 3-6　韩国旅游局组织架构

（三）旅游业发展战略

1.旅游业发展历史回顾

20 世纪 90 年代，韩国经济实力跃居世界第十一位，但世界对韩国的印象还停留在一个封闭的岛国，对韩国旅游的认知也相对较少。韩国政府遂借助国际赛事活动塑造和传播良好的国家旅游形象。2002 年，韩国利用韩日世界杯，调动各方力量为韩国国家旅游形象的宣传服务，并顺势推出以"活力韩国"为口号的国家旅游品牌，旨在提升世界对韩国的旅游印象，展现一个城市整洁有序、环境清新自然、国民热情有礼、文化深厚的韩国形象。

2002 年后，韩国陆续推出相关国家旅游品牌和口号（表 3-6），其国家旅游品牌反复强调"热情""友好""创意""活力四射"等情感属性，将韩国定位为"引领大众文化""时尚富有创意"的旅游地。推出的旅游品牌的主要亮点包括当代城市生活（购物、美食）、创意的文化生活（音乐、韩剧和美容）和丰富的历史文化遗产（韩屋、韩服、韩字、韩纸）等。

表3-6　韩国品牌管理历史回顾总结

时 间	口 号	活 动	定位/属性
2002	活力韩国	·利用 2002 年世界杯为韩国国家旅游形象做宣传服务 ·派遣世界杯艺术团到欧洲、非洲 18 个国家巡回演出，宣传韩国文化	·情感的旅游品牌属性：友好亲切、充满活力 ·有形的旅游品牌属性：美味饮食，旅游购物，整洁有序、清新自然的城市生活
2007	韩国炫动之旅	·2007 年 5 月 20 日，韩国旅游发展局在深圳举办韩中交流炫动之夜，促进更多市民到韩国旅游 ·韩国旅游发展局参加第三届中国（深圳）国际文化产业博览交易会，展位设计充分展现韩国 2007 年全新旅游形象	·情感的旅游品牌属性： ·热情、友好、有创造力的 ·有形的旅游品牌属性：当代城市生活，创意的文化内容（韩服、韩字、韩纸），历史文化体验（韩屋、韩食等）
2014	遇见你心中的韩国	·借助国家旅游品牌推出"遇见你心中的韩国" ·遇见你心中的韩国——韩国游记奖励计划 ·举办旅游故事大奖赛，分享韩国旅游的精彩故事，获胜者可得到官方奖励	·情感的旅游品牌属性：和谐而又趣味无穷的韩国，生机勃勃、活力四射的韩国，创造崭新价值的韩国，激发旅游兴趣的韩国 ·有形的旅游品牌属性：丰富的文化遗产，活力购物街，电视剧场景变为现实的实地体验，丰富多样旅游资源

续 表

时 间	口 号	活 动	定位/属性
2016	创意韩国	最新国家旅游品牌宣传视频邀请宋仲基、宋慧乔以及职业围棋手李世石等人士参与。宣传片接下来还在美国有限电视新闻网（CNN）、英国广播公司（BBC）等国际主要媒体进行投放，在里约奥运会和2018年的冬奥会也有对这个新口号的大规模推广	·情感的旅游品牌属性：创意、热情、和谐 ·有形的旅游品牌属性：以音乐、韩剧和美容为代表的韩流证明韩国的创造力

2. 旅游管理建设战略

20世纪六七十年代韩国将国际旅游产业振兴作为一项重要内容，列入经济振兴的计划中，颁布了《观光基本法》和《观光产业法》（后改称《观光振兴法》），以法律的框架规范旅游资源的开发，同时明确了政府在振兴旅游业中的重要作用。作为旅游的基本大法，《观光基本法》站在全局的高度明确了旅游发展的方向，规定了政府在旅游方面的主要施政内容，为旅游产业发展提供了最根本的法律依据和保障。2013年，为配合一系列海外旅游推广，韩国政府公布了《振兴旅游业的实施方案》，该方案主要针对中国及东南亚游客，为其放宽签证条件，提供更加便捷、安全的城市旅游服务，希望吸引更多的外国游客以拉动韩国经济发展。韩国旅游管理政策/规划如表3-7所示。

表3-7　韩国旅游管理政策/规划一览

政策/规划名称	颁布时间	内　容
观光基本法	1975.12	·对开拓海外旅游市场、改善旅游设施、保护旅游资源、促进旅游企业的发展、培养旅游人才、指定开发旅游景点、设立旅游开发基金等几个最重要的方面做了规定，为旅游产业的发展提供了法律支持
观光振兴法	1999	·对归属于旅游产业范畴的观光旅游业、旅游住宿及游客使用的基础设施、博彩业、游乐园等分类做了相关规定；对旅行社的设立、运营做了详细的规定
振兴旅游业实施方案	2013.07	·为来自中国和东南亚国家的游客提供可以获得更多入境次数的入境许可签证 ·向外国游客提供酒店消费增值税返还业务，从2014年1月起向外国游客返还税率为10%的酒店消费增值税 ·在已经开放投资房产移民的地区实行酒店式公寓预售制度 ·增设"旅游警察"，为了使外国游客的韩国旅行更加安全方便，韩国政府在运营24小时多语种旅游服务咨询电话1330和游客不便事项投诉中心的同时，于2013年设立了旨在解决外国游客的不便事项、预防犯罪、探查外国人不法行为的观光警察制度 ·为建立旅游社和地接社间公正的旅游合作，避免因非法交易引起的纠纷，韩国政府禁止地接社强迫游客购物或强制游客参加自费观光项目，致力为外国游客提供良好的旅游环境和服务 ·积极拓展医疗观光

　　不断完善的旅游市场法规政策为韩国旅游业的可持续发展打下了坚实基础。进入21世纪后，国际旅游市场竞争日益激烈，韩国也感受到了来自其他国家的竞争压力。

　　东南亚地区在时间跨度、旅行预算、客群覆盖率等方面都不逊于韩国。从这几个方面看，韩国旅游业的主要竞争对手是东南亚国家，特别是泰国，而作为韩国主要客源国的中国和日本同样是泰国旅游业的主要客源。数据显示，每周往来于中国和东南亚国家之间的航班达到 2 700 架次。2018 年中国赴泰国游客超过 1 000 万人次，泰国成为中国游客的最大出境游目的地。随着旅游业的发展，各国之间旅游竞争压力增大，泰国、新加坡、印度尼西亚等国纷纷对中国游客推出签证方面的进一步优惠政策，如免签和落地签，这样韩国资源和优惠政策对游客的吸引力会大打折扣。东南亚国家已经成为韩国旅游业最大的竞争者，其中拥有更加丰富的自然资源、价格优势以及完备的服务业基础设施的泰国成为韩国旅游业不可小觑的有力竞争国。竞争国家描述和对比如表 3-8 所示。

表3-8 竞争国家描述和对比

属　性	韩　国	泰　国
旅游环境	韩国对其商业环境的一些方面进行了升级，如法律框架的进一步完善。为了使外国游客的韩国旅行更加安全、方便，韩国政府在运营 24 小时多语种旅游服务咨询电话 1330 和游客不便事项投诉中心的同时，于 2013 年制定了观光警察制度	·泰国政府积极创新，发展特色旅游项目。近年来，越来越多的国际商务会议选择到泰国召开，2011 年泰国会议展览局在上海举行推广会，将"豪华 MICE 战略"高端业务打入中国市场 ·泰国每个景点都设有医疗中心、购物中心和旅客服务中心，为游客提供服务；各个景点都有专门的投诉电话，并设有专门的旅游警察，保障游客安全
旅游政策和条件	·国际化开放程度大大提升（全球排名 14 名，上升了 39 名）的主要原因是新签署的贸易协定促进了国际贸易和投资 ·在游客住宿服务方面，韩国政府通过减免外国游客住宿税收以及降低燃油费的价格，大大增加了其作为旅游国的价格优势	·良好的服务、精彩的旅游项目和相对低廉的物价每年吸引了大批的国外游客，其旅游价格优势要高于韩国 ·针对主要客源国，泰国领事馆减免包括中国在内的 19 个国家的大使馆或领事馆签证办理手续费 1 000 泰铢，并将落地签费用由 2 000 泰铢下调至 1 000 泰铢

属　性	韩　国	泰　国
基础建设	·在基础建设中，良好的地面交通（全球排名17名）为游客提供了便捷的出行服务 ·机场交通基础建设排名第27，旅游服务基础设施排名第50	·相比韩国良好的地面交通，泰国的地面交通相对落后 ·而泰国的机场交通基础设施建设和旅游服务基础设施要优于韩国
自然和人文资源	·在人文资源方面，得益于韩流的强大影响以及对韩国传统文化的发扬和传承，韩国的文化资源在国际排名12位 ·其自然资源并不丰富（全球排名114名），但韩国能够将自己独特的文化与旅游资源相结合，打造出极具吸引力的旅游产品 ·韩国将其具有优势、游客容易感知的关键性因素，如地域饮食、服饰、瓷器、歌剧和节庆等与旅游结合起来，在努力挖掘地方特色项目的同时促进了旅游管理的塑造，使有限的旅游资源得到了最大限度的利用，依靠文化特色获得持久的观光客源	·泰国不仅拥有优越的自然条件，还有鲜明的民族文化传统，因此旅游资源极其丰富，迷人的热带风情以及独具特色的佛教文化是吸引游客的重要因素 ·旅游景点类型丰富，有现代化的城市曼谷，也有海岛沙滩类的度假区普吉岛，还有文化遗址类的清迈，此外泰国积极开发特色表演类型的旅游产业 ·相比韩国，泰国具有得天独厚的自然资源；在人文资源上，虽然泰国也有历史悠久的文化传统，但韩国更善于将文化与旅游产业相结合，利用影视媒体打造相关景点，扬长避短

注：表格中的排名来源于《世界经济论坛旅行和旅游业竞争力报告》。

3. 最新旅游管理解读

（1）旅游管理背景介绍

2016年，韩国推出最新国家旅游品牌——"创意韩国"，其标志以太极旗为主题，"创意"和"韩国"分列在标志的上方和下方，两条垂直线设于两端（图3-7），表现出年轻和现代的感觉。借助对国民建议的公开征集和大数据，收集了130万条韩国的关键词并对其进行分析，导出了"创意""热情""和谐"等关键词，最终决定以"创意"作为国家旅游品牌的标志词汇。

CREATİVE | KOREA

图 3-7 "创意韩国"标志

上一个国家旅游品牌"遇见你心中的韩国"将韩国充满活力的购物街、富有魅力及创意的文化内容等多种旅游资源从游客的视角提炼出来。在韩国，将电影、电视剧里的场景变为现实，使韩国平凡的日常变得极富魅力，从丰富的文化遗产到明洞购物街，处处都充满着无限乐趣。虽然标语背后的意义为创新、活力、魅力、有趣，但并未直观地呈现。而"创意韩国"更加直接，重点突出了创新，表达简洁有力，但也被人诟病其创意与法国国家旅游品牌雷同。

在宣传推广上，文体部制作了演员宋仲基和宋慧乔、钢琴家赵成珍、围棋大师李世石、韩国组合 Bigbang 等出演的宣传片，通过美国有限电视新闻网和英国广播公司等海外知名媒体播出，同时利用 2016 年 8 月的巴西里约奥运会等国际活动，积极进行旅游管理宣传。

（2）目标市场策略

韩国政府对韩流市场进行了细化：深化（中国和日本）、扩散（东南亚）、潜在（中东和中南美），以这三个等级确定对世界市场的进一步开发。而中国、日本和欧美国家历来是韩国旅游重点宣传的目标市场，发展局也针对不同目标市场采取了不同的市场战略。

对邻国以及重要的客源国中国而言，发展局不断开发高价值旅游管理资讯，积极推进整合多种营销手段，通过与鸟叔、韩国组合 Bigbang 等韩流明星们的互动激发中国广大消费者的兴趣，并制作相关的电视广告等进行宣传，吸引消费者的参与。此外，韩国政府和业界还高度重视韩国旅游软环境的建设，出台了《振兴旅游业的实施方案》，并通过增加中文导游数量、引进海底捞等适合中国游客口味的中式餐馆、推动人民币"无障碍"购物等方式，全方位地提升中国游客对韩国旅游的满意度。为了吸引更多的中国游客并为其提供便利的入境措施，韩国政府放宽了访韩签证制度。自 2013 年开始，韩国实行了向中国持有多次往返签证者的配偶及未成年子女、中国高等院校学生、韩国国内公寓会员券持有者、北京上海户口居民等人群发放多次往返签证的大幅度放宽政策。在了解中国游客的购物需求之后，韩国政府与业界携手打造以免税购物为核心的购物游旅游品牌。韩国免税业不但旅游物品种类齐全、价格竞争力较强，而且购物渠道非常便利，涵盖机场店、市内店等多个渠道。为更好地服务中国游客，近年来各大免税店还特别推出了中文导购、中国团队游客柜台和中国游客专属优惠活动等服务。2007 年以来，韩国免税购物业的年均增长率超过 20%。随着 2014 年韩国仁川亚运会和 2018 年平昌冬奥会的举办，韩国旅游业顺势开发出运动休闲主题的旅游线路，吸引中国人赴韩国看亚运会，冬天赴韩国滑雪。

除中国外，日本也是韩国的主要客源国。韩国在日本的各大城市不定期开展主题影视旅游宣传活动以吸引旅游者。巧打"名人牌"，聘请有知名度的影视明星参加海外旅游营销活动，利用名人的知名度来吸引旅游者。甚至在一些路线中，如婚纱摄影游等给予日本游客特惠。此外旅游的宣传片和网站充满着时代的气息，更加针对有消费能力和消费欲望的年轻人群体。为了吸引因为日元贬值而不愿出游的群体，当局亮出税收减免大招。按照现行收费标准，外国游客入住观光酒店时，需交付与韩国国民同等标准的住宿费用。新政策中，外国游客所需支付的酒店住宿费中将扣除附加税（10%）一项。例如，在观光酒店住宿 3 天需要支付 33 万韩元，在结账后领取发票提交至文化体育观光部或国税厅等部门，可返现 3 万韩元。

针对受韩流辐射较大的中日两国，韩国开发了面积相当于两个东京迪士尼乐园的"韩流坞"。这个相当于西方大众文化的"好莱坞"，代表着韩国、中国及日本文化相交流的新东亚文化的主题公园，在为游客带来全新的文化体验的同时，具备了成为一个新体验和世界焦点的潜力。

对于欧美市场，韩国则更多利用了文化差异性这一特色，在宣传中融入了更多的亚洲特色，选择了更多的宫殿楼宇、文化博物馆等作为营销点。例如，将欧美游客感兴趣的极限运动纳入营销宣传中，同时提供特制的宣传广告。

（3）营销方式解读

韩国政府对最新旅游品牌"创意韩国"投入35亿韩元（约2 027万人民币），其中包括旅游品牌选定前期的准备工作以及后期制作宣传等费用。除了对旅游管理的直接投入，韩国政府还在韩流的发展上投入了相当雄厚的资金。早在第一个旅游品牌设立之前，韩国文化观光部就已确定了将韩流文化作为重点发展产业，并确立带动旅游业发展的方针。在政府的竭力推动下，韩流得以广泛传播。1999年，韩国政府为演艺产业投资了85亿美元，到2003年飙升至435亿美元。除了在首尔建立韩流发祥园地外，还在其他国家的大城市，如中国的北京、上海等地建设"韩流体验馆"。同时，成立"韩国文化振兴院"、举办"韩流"商品博览会、设立"亚洲文化交流会"，并对文化出品的质量严格把关。

为更好地宣传韩国国家旅游形象及旅游品牌，发展局积极寻求与互联网平台、新媒体的合作，通过线上线下的互动让国家旅游品牌更深入人心。

韩国旅游发展局与中国最大的O2O平台——美团点评精心合作，建设引流新方式，为韩国商铺提供大数据消费者行为分析。早在6年前，大众点评上就已经有了第一个首尔商户的信息。到目前为止，大众点评上已经有近十万条的韩国商户信息，其中77%都有用户评论。这对于韩国商户来说是了解中国游客喜好最直接、最全面的途径。另外，美团点评和韩国旅游发展局联合《在首尔》杂志启动了"中国客人最喜欢的韩国餐厅评选活动"。通过口味、服务、环境等多个角度，向中国游客推荐最新、最热、最有特色的韩国餐厅。不仅如此，美团点评还会定期为韩国旅游发展局和韩国商户提供在韩旅游行为分析报告，捕捉中国游客关注热点、追踪客流动态趋势。

除了和目标市场的平台进行合作外，韩国旅游发展局也通过传统的电视媒体投放旅游形象宣传片，向全球游客展示韩国的现代城市建设，并取得了良好效果。与此同时，运用互联网等新媒体工具，如推特、脸书等线上媒体进行海外广告宣传，扩大宣传范围。此外，通过官方网站、微博、微信、脸书、推特等社交网络账户，实时发布韩国各地旅游购物信息，通过转发粉丝、旅游达人以及明星赴韩旅游的微博进行二次传播，影响更多潜在游客。

（4）竞争优势

韩国旅游发展局在宣传韩国旅游方面强化时尚、文化、影视等方面的优势，弱化其在自然风景缺失方面的劣势，做到了扬长避短，并结合韩流文化，借机宣传和精化旅游项目。

韩国的诸多景点通过韩剧这一知名度高、反响强烈的文化载体而闻名，其中最突出的莫过于济州岛。这个旅游资源并不丰富的海岛，凭借韩流文化的魅力和辐射力成为一座国际旅游岛，每年吸引近600多万游客。济州岛的国际化过程同韩流文化兴起基本上是同步的，包括《蓝色生死恋》《大长今》在内的韩国影视剧都会选择济州岛作为取景地，而济州岛又将这些地点开发成旅游景点，吸引众多影迷到访。同时，将旅游产品、线路与影视相结合，如体验韩国传统宫廷料理的大长今旅游项目。除了在影视剧的景点中植入外，韩国旅游发展局充分利用有限的旅游资源精化每个旅游项目，发展高附加值的文化旅游产品。比如，世界非物质文化遗产"江陵端午祭"、济州岛的春秋祭典、民俗村里的"韩流坞"。

二、总结和分析

韩国旅游业在近十年的时间内蓬勃发展，海外游客量从 2007 年的 645 万上升到 2016 年的 1 724 万（图 3-8），这离不开政府的支持，而旅游品牌的宣传也功不可没。在旅游品牌宣传和政策推动下，2009 年至 2012 年连续四年韩国入境人数增长率超过 10%，自 2013 年《振兴旅游业实施方案》提出后，国际游客增长率在 2014 年达到了十年来的最高值 16.64%。2015 年受中东呼吸综合征（MERS）疫情影响，来韩的海外游客人数锐减近 100 万，但后期很快得到恢复；2017 年受半岛局势影响，韩国入境旅游再次遭受重创。

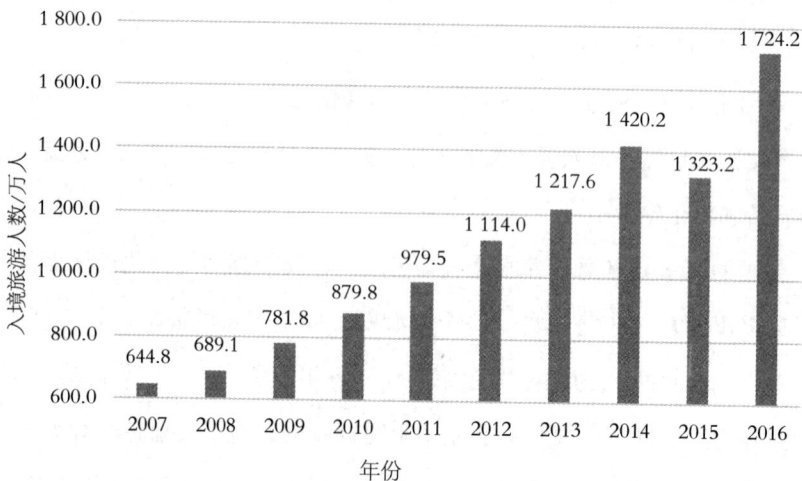

图 3-8　2007—2016 年韩国入境旅游人数变化

数据来源：韩国旅游发展局

受 2008 年金融危机影响，旅游行业投资大幅减少，2010 年呈现反弹趋势，主要受新口号"从灵感开始的国家"以及后期《振兴旅游业实施方案》的影响，投资金额呈稳定增长趋势（图 3-9）。

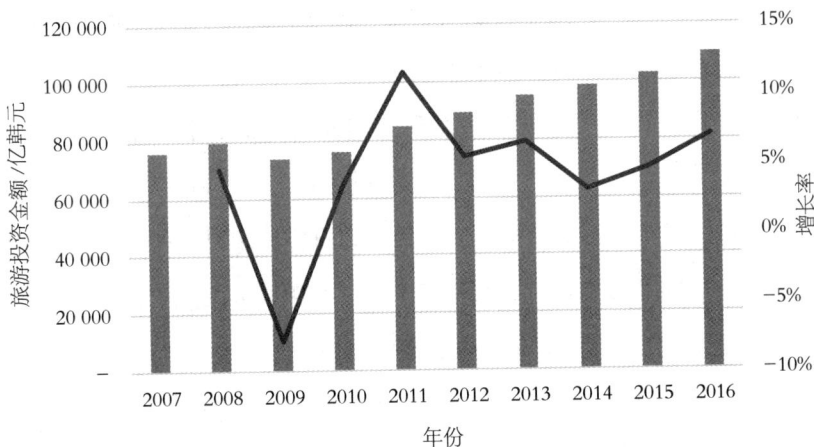

图 3-9　2007—2016 年韩国旅游投资金额和增长率

数据来源：世界旅游理事会经济影响力报告。

近十年，韩国旅游业对 GDP 的贡献始终保持在 5% ~ 6%，失业率也一直保持在 4% 以下，较为稳定（图 3-10）。

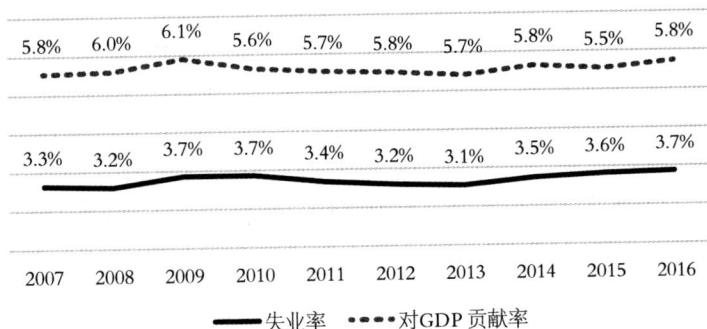

图 3-10　韩国经济指标

数据来源：世界旅游理事会经济影响力报告

韩国旅游业的蓬勃发展离不开政府的大力支持和监管，准确的定位以及便捷的旅游服务也使韩国旅游业在海外游客心中留下了深刻的印象。

为保障海外游客利益，韩国旅游发展局在北京、上海等中国主要城市开设游客投诉中心，并与中国政府合作，限制甚至终止不法旅行社审批访韩签证；通过向中国游客发放旅游品价表等措施完善相关服务。与韩国相比而言，中国旅游市场还存在一系列的问题，如旅游市场监管力度不够、旅游业从业人员素质不高、旅游企业过分追求不正当利益等。这些问题会给旅游市场造成诸多不良影响，因此我国政府应制定科学的旅游管理制度、加强旅游市场的监管力度，只要哪里有投诉，我们的法律就应该出现在哪里，做到有法可依、有法必依、执法必严、违法必究。

韩国国家旅游品牌将韩国游定位为人文旅游，并巧妙地将文化和景点结合起来进行宣传，对中国有一定的参考价值。韩国旅游发展局将旅游景点移植于韩剧中，通过韩剧这一重要载体在世界范围内形成影响力，同时将韩剧中的拍摄地保留成为旅游景点。相对于韩国，中国拥有五千年历史，有着更为丰富的文化资源和自然景观，但是资源优势并不等于产品优势，更不等于产业优势。目前，我国文化旅游泛滥且各自为政，虽然文化内容丰富却难以发挥整合效应，如能统筹结合各地文化资源、建设文化旅游大项目、精化旅游景点以及线路，相信能更好地将我国的资源优势最大限度地转化为产业优势。另外，中国不乏国际影响力的作品，如《卧虎藏龙》《我们诞生在中国》等，但缺乏景点的配合和宣传，使经济化效果大打折扣。如何配合影视化的植入宣传来实现双赢效果，韩国的做法值得我们借鉴和学习。

第三节 印度国家旅游管理体制

一、旅游管理机构介绍

（一）旅游部简介

印度旅游部的前身是 1945 年成立的印度旅游委员会，后来随着印度政府对旅游业越来越重视，其下辖机构也在不断扩充，在 1999 年以后成为文化与旅游部或者旅游部，并最终于 2006 年决定将"旅游部"定为官方称谓（表 3-9）。旅游部是制定国家政策和方案的链接机构，它协调各联邦、州政府和私营部门，旨在将印度打造为世界一流的旅游目的地。其主要职能如下。

（1）制定规则：立法、旅游业发展规划、基础设施和产品开发指南。

（2）基础设施建设：发布激励措施、组织运行项目。

（3）推广：促进私人投资以及负责印度旅游海外营销活动和国际合作。

（4）监督：监测计划项目实施、管理旅游服务投诉。

表3-9 印度旅游部介绍概览

印度旅游部	
官方网站：http://tourism.gov.in 推广网站：https://incredibleindia.org/	

上级机构	以总理为首的联邦部长会议（Union Council of Ministers, UCM）	总部	新德里
部长	阿尔方斯·约瑟夫·坎南桑纳姆（Alphons Joseph Kannanthanam）	1945 年，政府成立旅游委员会，并先后设立旅游交通局（由交通部管辖）、印度旅游发展公司、民航旅游部、旅游金融公司等机构。1999 年后，旅游委员会在不同执政党的管辖下在"独立的旅游部"和"文化与旅游部下辖的旅游厅"两个身份中变化，但职能基本相同。2006 年正式确定为印度旅游部	
	坎南桑纳姆先生于 2017 年内阁重组后被任命为旅游部部长及电信技术部部长，在 2006 年从印度行政服务局退休至 2011 年加入印度人民党的这段时间内，他是卡拉拉邦戈德亚姆区立法委员会成员之一。在行政服务局工作的 27 年内，坎南桑纳姆先生曾担任过戈德亚姆地区税收长、德里发展局执行长长官等职位。在职期间，他使戈德亚姆成为印度第一个完全脱盲的城镇并且凭借拆除非法建筑回收土地等政绩入围了《时代周刊》评选的 1994 年 100 位国际青年领袖榜		
海外办公室	北美：纽约、洛杉矶、多伦多 大洋洲：悉尼 东亚和东南亚：东京、北京、新加坡 欧洲：伦敦、法兰克福、巴黎、阿姆斯特丹、米兰 西亚和非洲：迪拜、约翰内斯堡		

（二）旅游部架构

在印度旅游业中，印度旅游部几乎对所有事务负责，其组织架构图如图 3-11 所示。印度旅游部自己下属部门主要分为三类，一类为分管某一具体领域的职能部门，如财务、市场研究部门；二类为受国家重视的旅游部直属旅游计划部门；三类为旅游业相关非政府机构，如国有企业、研究院所等。目前，旅游部的角色正从管理者向协作者转型，即重在结合非政府机构的力量，共同发展印度旅游业，而非对其进行行政意义上的管理。

图 3-11　印度旅游部组织架构

印度旅游部
旅游业整体协调、组织、规划、监测部门

职能部门
承担财务、市场研究、基础设施建设等具体职能

市场研究部
承担市场研究职能

设施发展部
承担基础设施建设职能

小众产品部
承担识别小众产品职能，即寻找有潜力的新产品

海外营销部
承担海外营销职能，如发起各种活动等

社交媒体部
承担社交媒体职能，开展线下活动

旅游贸易部
承担旅游贸易职能，举办贸易会，促进进出口

监控协调部
承担监控协调职能，监督计划的执行

直属旅游业计划部门
重点推出和培养的旅游计划

古尔马格冬季运动项目部门
印度旅游业发展初期试点项目，目前仍正常运转

旅游地整合发展规划部门
以金三角为榜样，对国内旅游资源进行组合，设计产品

非政府机构
国有企业、行业协会和研究机构

印度旅游发展公司
基础设施建设计划的执行机构

印度旅游和旅游管理研究所
进行旅游相关的研究工作

酒店管理与餐饮技术委员会
管理基数庞大的酒店和餐饮公司

水上运动研究所
进行水上运动旅游相关研究工作

酒店管理研究所
进行酒店管理相关研究工作

二、旅游业发展战略

（一）旅游业发展历史回顾

在 2002 年以前，印度并未进行过大型的、有主题的旅游推广活动，这可能是因为当时印度将目光更多地放在了国内旅游业的发展、基础设施的完善和旅游产品的开发上。2002 年，旅游部联合奥美公关发起了"不可思议的印度"活动，一鸣惊人。印度旅游品牌历史回顾总结如表 3-10 所示。

表3-10　印度旅游品牌历史回顾总结

时　间	口　号	活　动	定位 / 属性
2002	不可思议的印度	各种大型海外推广活动，"心灵印度""五彩印度"等	国家旅游品牌强调精神旅游、灵性

1. 旅游品牌建设战略

从 1956 年第二个五年计划开始，印度每个五年计划都会关注旅游业的发展，详细的旅游业政策在多个五年计划中的内容虽多有重合，但会在细节上互相补充完善。从整体上看，印度旅游业发展的主题包括基础设施建设、人员培训、旅游中心、旅游线路和朝圣中心（以某一特定主题结合起来的多处旅游景点和朝圣地，如金三角地区）的发展以及发挥私营企业的优势效应等。尽管多样化的旅游产品一直是印度的追求，但其在不同发展阶段的重点发展对象也有所不同，如从一开始提倡的冒险旅游，到千禧年后鼓励的海滩旅游和健康旅游等。这使印度能够在铺开多样化产品的同时集中资源建设其中一项，重点明确、效果突出。印度旅游品牌政策 / 规划如表 3-11 所示。

表3-11 印度旅游品牌政策/规划一览

政策/规划名称	颁布时间	内　　容
第二个五年计划 （1956—1961）	1956	·在重要的旅游中心建立独立设施，以支持该地旅游业发展
第三个五年计划 （1961—1966）	1961	·在克什米尔的古尔马格建立冬季运动综合体，发展冒险旅游事业
第四个和第五个 五年计划 （1969—1979）	1969	·改善、发展旅游设施，促进目的地交通的发展 ·整合发展所选旅游中心，如柯伐拉姆（这些中心最终成为度假旅游的典范模式）
1982年旅游业政策	1982	·真正意义上的第一个旅游业发展政策 ·规定了旅游业发展目标，提出了"旅游线路"概念并和各部门协同合作规划 ·认可并鼓励民众、私营企业、公益机构在旅游业发展中发挥作用 ·对基础设施建设、信息技术发展、环境安全提升提出高标准 ·发展旅游贸易，利用自然人文资源开发旅游新产品，如旅游中心
第七个五年计划 （1985—1990）	1985	·旅游被赋予"产业"地位 ·促进国内旅游业的发展 ·强调海滩度假胜地的发展 ·发展多元化旅游产品：主题大会、徒步旅行、冬季运动等 ·政府为旅游业提供了一揽子激励措施
1992年国家旅游业 行动计划	1992	·建设社会友好、环境友好型旅游地 ·增加旅游行业的就业机会 ·发展国内旅游 ·鼓励国际旅游 ·提升印度在世界旅游业中的份额 ·开发多样化的旅游产品
第十个五年计划 （2000—2005）	2000	·提升酒店与餐饮行业中服务人员的素质 ·促进冒险旅行、海滩旅行和健康旅行的发展

政策／规划名称	颁布时间	内　容
2002 国家旅游业政策	2002	·促进现有的旅游产品和目的地发展，政府提供更多资金支持 ·旅游中心的整合发展 ·提出国家旅游品牌概念并以"不可思议的印度"作为代表 ·强调私营和公共部门合作，将计划落地，强调私营部门在旅游业发展中的作用
第十一个五年计划（2007—2012）	2007	·促进中央、地方政府和私营部门之间的合作 ·增加政府对特定旅游主题产品的投资（遗产旅行、海洋旅行等） ·旅游业营销方式多样化
战略行动计划	2011	·继续进行国内外推广营销、基础设施建设、新产品开发、利基产品识别 ·促进国外资本流入 ·促进旅游业可持续发展 ·加大对消费者研究的投资力度
第十二个五年计划（2012—2017）	2012	·强调了旅游业对某些地区脱贫致富的作用 ·将印度旅游业在世界上的份额提升至少 1% ·为国内旅游业提供充足的资源以使其保持 12.16% 的增长率 ·借助旅游业的发展提升国内就业率
电子旅行授权：电子签证	2014	·允许近 50 个国家的访客在网上申请电子签证，并在自行打印后入境 ·一年内国家数翻倍，其中包括中国

2. 与泰国的旅游竞争

虽然印度的旅游品牌起步晚，在世界旅游市场也名不见经传，但经过国家政策的鼓励以及经济方面的大力扶持，近两年印度旅游市场的表现突飞猛进，产品被越来越多的旅游者所接受，印度作为新兴市场也参与到了日益激烈的竞争格局中。

泰国是印度最大的竞争对手。首先，印度和泰国旅游资源相近。两国同处亚洲南部，纬度接近、自然资源相近，又均以佛教文化为特色；其次，印度和泰国均为发展中国家，基础设施情况发展情况类似，均仍在完善阶段；第三，印度和泰国客源国同质性较高，印度的主要客源国为美国、英国、加拿大、马来西亚、澳大利亚、德国、中国、法国；泰国的主要客源国为中国、马来西亚、韩国、日本、印度、美国、英国等。最后，据《2019年旅游业竞争力报告》，泰国排名第31，印度排名第34，泰国暂时领先，是印度需要超越的对象。

整体来看，相比泰国，印度的优势在于自然和人文旅游资源丰富，但也存在一定劣势。首先，印度并没有对其自然资源进行很好的利用，导致景点整体知名度不如泰国；其次，印度国内的旅游设施建设显然不敌泰国，需要继续发展住宿、餐饮、旅游设施、租车公司等；最后，相比泰国政府，印度政府对旅游业重视程度不足，这可能是导致印度旅游资源丰富却在竞争力排名中低于泰国的根本原因（表3-12）。

表3-12　竞争国家描述和对比

属　性	印　度	泰　国
旅游环境	整体较差。商业环境略逊于泰国，但在商业法规、国内营销环境、投资起征税上优于泰国；两者安全程度相近；在卫生环境中，艾滋病是一大威胁；劳动力市场整体表现更差，但在工资和生产力上强于泰国	商业环境整体上来看优于印度。主要是由于施工许可证获取方便、总税率较低、投资成本较低；卫生环境较好，其卫生设施、饮用水、医院床位资源都更充足；劳动力市场较好，主要是由于公民二次教育参与率高

属 性	印 度	泰 国
旅游政策和条件	印度政府对旅游的重视程度显著低于泰国政府，仅在旅游业数据提供上优于泰国；两者国际开放性类似，尽管新推出了电子签证政策，印度在签证获批仍显著逊于泰国；印度环境法律较严格，森林覆盖率也更高	非常重视旅游产业，在总支出、营销、旅游品牌建设上都好于印度；两者的价格竞争力都相对较强，但泰国的购买力平价显著较差；在环境可持续性方面，泰国在旅游可持续性和废水处理上强于印度
基础建设	印度的道路交通质量更高；即便经过了这么多年的建设，印度的旅游基础设施仍显著落后于泰国	泰国的航空设施更好，旅游设施更是在宾馆密度、旅游设施质量、租车公司易得性、自动导览机上都显著优于印度
自然和人文资源	印度的自然资源弱于泰国，人文资源强于泰国。但值得注意的是，印度的世界自然遗产数量远多于泰国，其知名景点数量和吸引力却远小于泰国。这与其过于重视人文旅游资源的开发不无关系	泰国的自然资源强于印度，人文资源弱于印度。无论是在世界文化遗产数量、运动赛事举办，还是在国际会议上，泰国都不敌印度。这与其将重心放在自然经典推广上关系很大

（二）最新旅游品牌解读

1. 旅游品牌背景和介绍

"不可思议的印度"（Incredible India）是印度旅游行业首个国家旅游品牌，由印度政府部门联合公关公司于 2002 年推出，其主要目标是为印度创造独特的身份，并提升其在世界旅游业中的地位。此旅游品牌重点关注印度的 12 种旅游产品，包括探险旅游、山间避暑旅游、沙漠旅游、皇家宫殿旅游、生态旅游、豪华火车旅游、医疗旅游、遗产地旅游、海滨旅游、会展旅游、奖励旅游、宗教旅游。

此旅游品牌标志设计中使用"！"作为印度"India"的首字母（图 3-12），在所有国际交流中都有很好的效果。一方面，"不可思议"（Incredible）充满了想象力，能够描述印度所有的旅游元素或非旅游元素，包括其持续上升的经济、独一无二的地理环境、丰富的文化、神秘的心灵修行等。另一方面，在此基础上使用"！"作为首字母 I 的变形，能够在视觉上表达体验印度的令人难以置信的深度和强度，给受众留下深刻印象。丰富的色彩选择和渐变的手法使旅游品牌形象想表达的多重旅游元素以更加立体和美观的形式展现。

Incredible!ndia अतुल्य!भारत

图 3-12　"不可思议的印度"标志

从 2011 年开始，印度把"实现梦想"作为"不可思议的印度"宣传推广活动第二阶段的主题，推广目标直指旅游者，而不再是目的地。"实现梦想"主要面向国际游客；"超越梦想"主要面向国内游客。

2. 目标市场策略

印度的主要目标市场有美国、欧洲各国（特别是英国）、中国、非洲（以南非为主）。对于美国和欧洲的此类成熟市场，旅游部以超大型宣传活动（往往持续数月）和路演、推介会为主，以小型体验式活动（如印度美食节）为辅来宣传旅游活动、目的地和景点；对于以中国和非洲为主的发展中市场，旅游部往往会以体验式的、浸没式的活动为主（如印度美食节、印度节等），并配合户外宣传和媒体广告来达到宣传的效果。此外，印度官方还擅长利用国际会议、会展等对旅游进行推广，不仅积极参加世界各地的旅游展览活动，还借助非旅游业国际会议开展推广活动，如联合国大会。然而，长期依赖线下活动推广的印度旅游部逐渐发现了社交媒体在旅游目的地的选择以及信息收集方面的引导作用，官方发起的调查结果显示，有近90%的受访者曾试图通过社交媒体了解更多有关印度旅游的信息，但只有不到一半的受访者能轻易地通过该渠道获得"印度是旅游目的地"的信息。旅游部缺乏线上宣传推广的经验，从而错失了很多潜在的推广机会。

3. 营销方式解读

2016—2017财年，印度旅游部的预算支出主要用于旅游产品（如旅游线路和朝圣中心）的建设上，这部分费用约占总支出的61%；推广和公关费用约占总支出的28%，其中近75%的经费用于海外推广，剩余部分用于国内推广；其他支出均用于劳动技能培训和发展方面。

印度旅游的海外营销以线下活动（表3-13）和推介会为主，其对线上，特别是社交媒体的利用相对较少，除了通过线上推广配合线下活动外，就只有在旅游品牌发起之初在西方主流媒体官网——美国有限新闻网和英国广播公司以及谷歌上推出过系列广告。印度近些年的活动均相对比较稳定，但仍以路演、美食节、印度节、户外广告为主，同时参加很多旅游展览。除此之外，印度在近些年推出了一系列佛教文化主题的活动，这保持了其每个时期分别对某个主题特别关注的惯例。

表3-13 线下活动介绍

类　型	细　节
旅游展览和大型宣传活动	2007年伦敦"当今印度"活动，涉及主题有印度艺术、电影、食品、戏剧、音乐以及时尚。以伦敦强大的运输系统为载体（公共汽车、出租车和地铁线路）印刷"不可思议的印度"宣传单并在站点处装饰相对应的海报，从而展示印度不断发展的经济和与时俱进的文化
	2009年在洛杉矶，活动采用海报形式，将好莱坞电影、印度文化以及景点的照片相结合，以东西合璧、图文并茂的方式传达了旅游信息

类　型	细　节
旅游展览和大型宣传活动	2016 年在伦敦，以"印度——永恒遗产之乡"为主题的旅游展览会，借助大会官方在社交媒体宣传方面的优势，介绍印度旅游产品和服务，并借助各种体验活动、人体彩绘、文化演出等现场互动方式造势
路演和研讨会	旅游部驻海外办公室每年会在重要旅游市场（美国、英国、中国、南非等）组织路演和"了解印度"的研讨会，邀请贸易代表团向参会者展示印度旅游的魅力和优势。会后，旅游部会邀请当地媒体以及参会嘉宾访问印度，通过亲身体验和感受，让他们更加了解印度
节庆活动	在欧洲、中国、南美以及非洲城市定期举办的美食节活动中，旅游部赞助当地的印度餐厅和厨师，邀请居民体验印度美食，从而宣传印度料理这一旅游产品
佛教禅宗文化活动	2016 年 6 月，旅游部举办了"第二届国际瑜伽日"活动，邀请 48 位外籍代表赴印度体验瑜伽之旅
	在 2016 年第五届国际佛教会议期间，旅游部除了宣传印度的文化精神旅游方面的特色之外，还借机将印度作为"365 天的目的地"进行了宣传

旅游部十分重视传统媒体，包括电视、户外以及印刷媒体，利用它们进行广告投放，如"五彩印度"活动的海报以及视频。对于新兴的社交媒体，旅游部还是会在一些活动和场合运用，但不如传统媒体的效果显著。

4. 竞争优势

在旅游内容上，印度的"灵性"和"修行"是其区别于其他旅游资源丰富的旅游地的重要特征，这两个标签使印度旅游形成了一种"旅游品牌"，其强有力的价值观输出吸引了很多禅宗的狂热粉丝；在营销方式上，印度旅游部擅长利用媒体，进行大型线下宣传，尤其是利用出租车、公交车、路边广告牌等户外媒体；在推广节奏上，对于不同的阶段，旅游部有不同的侧重推广的产品，如初期的冒险旅游、后来的海滩旅游，以及现在的佛教文化旅游。这使其能够集中精力将一个或有限的几个旅游产品打造为精品。

三、总结和分析

"不可思议的印度"旅游品牌于 2002 年开始正式运作。此前，印度政府未对旅游业引起足够重视，这导致拥有丰富旅游资源的印度旅游业并不突出，每年的入境旅游人数甚至呈现下降的趋势。但从 2002 年起，"不可思议的印度"旅游品牌营销步入正轨，旅游人数开始以较稳定的速度持续增长。这能够说明，"不可思议的印度"系列营销对印度的入境旅游起到了重要的带动作用。但值得一提的是，2008—2009 年，入境旅游人数受金融危机和孟买恐怖袭击的影响出现小幅回落（图 3-13）。

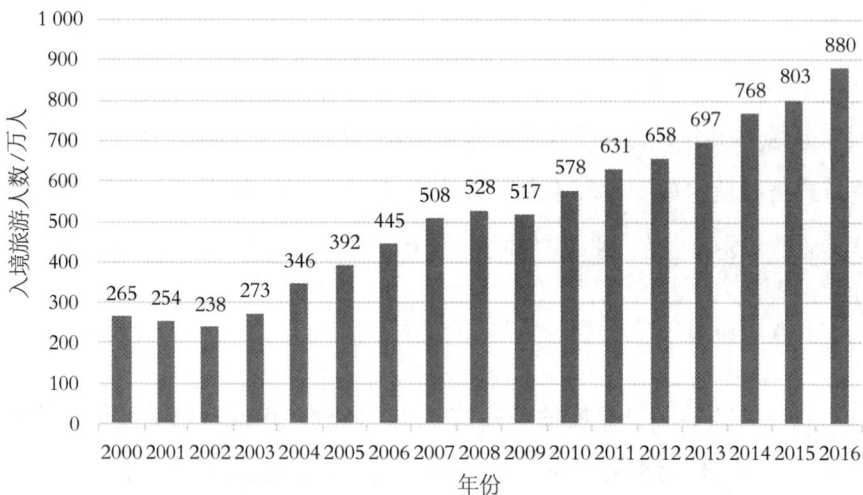

图 3-13　2000—2016 年印度入境旅游人数变化

数据来源：印度旅游部。

近些年，印度的旅游投资金额一直处于持续增长状态，但在2008年，投资金额一改往年稳定的增长速率，出现了一个大的跃升，这也导致2009年的旅游投资金额大幅度回落。事实上，从2007年第十一个五年计划开始执行时，印度政府就开始重视私人资金的作用，同时在海外加强了旅游品牌营销。这本是印度旅游业发展的一个大好时机，但不幸的是，2008年爆发了金融危机，而同一年在孟买爆发了恐怖袭击，造成195人死亡，295人受伤，此次袭击无论对经济还是旅游行业都是严重的打击。除了造成入境游客减少外，对旅游投资的影响更是深远，投资额跌幅达到30%，并且在此后的几年内投资的金额规模都未能超过2008年。此案例也说明安全因素对旅游地的重要程度，而近些年西方世界不稳定因素日益增加对中国旅游业来说也许是一个机会。

为了尽量减少恐怖袭击对旅游业的影响，印度旅游部联合世界旅游业理事会（WTTC）发起了持续3个季度的"访问印度：2009"活动，带动了入境旅游人数以及投资资金的增长（图3-14）。

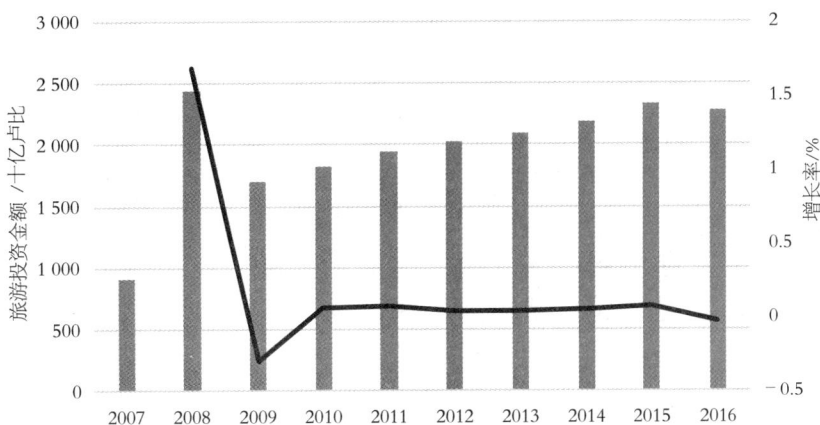

图3-14　2007—2016年印度旅游投资金额和增长率

数据来源：世界旅游理事会经济影响力报告。

注：不含通货膨胀，以2016年价格和汇率为准。

近年来，印度在基础设施建设上的投入保持稳定递增，目前看来，相比邻国和其他竞争国家，印度旅游业最大的制约因素就是国内尚不健全的基础设施建设，很多旅游业发展政策也提到要大力发展国内基础设施，而持续增长的投入就是对这类政策的反映。印度旅游对就业率的贡献自 2010 年以来基本保持稳定，但在 2008—2010 年，出现了一个较大幅度的下降，这主要也是由上述 2008 年孟买恐怖袭击事件所致。2008 年以后，旅游业对于就业率的贡献基本保持在 2.5%～3%，没有再出现 2007—2008 年时高达 5%～6% 的盛况。相反，不管其他数据如何变化，旅游业对 GDP 的贡献一直保持在 3%～3.5%（图 3-15）。这说明印度旅游业发展与 GDP 发展基本持平，原因是，其一，印度经济本身处于高速发展期，旅游业能保持跟进印度整体经济的发展已经能够证明印度旅游业具有较大潜力；其二，在 2008 年遭受恐袭之后，不仅是旅游业，印度整体经济也受到了较大的打击。

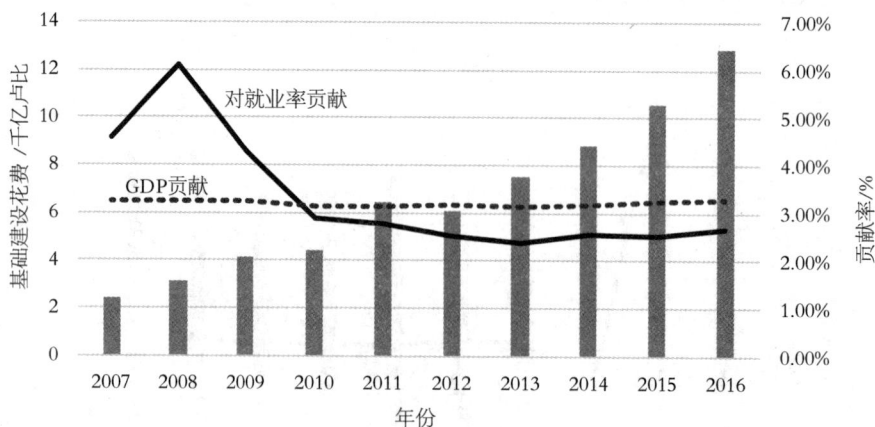

图 3-15　2007—2016 年印度经济指标

数据来源：印度统计局官网和世界旅游业理事会经济影响力报告。

注：不含通货膨胀，以 2016 年价格为准。

除了经济效益外，"不可思议的印度"为建立印度形象（不仅是旅游形象）也起到了关键作用，并帮助其获得了世界游客的认可。2003 年，即刚推出此旅游品牌活动的第二年，印度被《旅行者》杂志评选为"甄选旅行者"十大首选目的地之一。2004 年 1 月，《孤独星球》杂志在 134 个国家进行了一项调查，在个人旅行者最受欢迎的目的地排名中，印度位列第五（前四名分别是泰国、意大利、澳大利亚和新西兰）。不仅如此，旅游品牌活动本身也赢得了很多奖项，如 2003—2004 年度的亚太旅游协会和孟买广告俱乐部金奖。2010 年度获得"亚洲公会奖"，以表彰"不可思议的印度"活动在英国宣传的突出贡献。同年，印度作为旅游目的地获得全球旅客大奖，被美国《全球旅行者》杂志的读者评选为"最佳国际旅游目的地"。同时，现任印度总理莫迪亲自作为"不可思议的印度"旅游品牌大使，将其从旅游品牌上升到了国家旅游品牌的高度，不仅有利于树立印度不可思议、热情好客的国家形象，对总理莫迪的个人形象也有提振作用。

同为经济增长潜力巨大、历史悠久、幅员辽阔、旅游资源丰富的发展中国家，印度发展旅游业的经验相比其他发达国家更值得中国借鉴，包括强调精神内涵、举办海外大型推广活动以及抓住大型国际会议的契机进行宣传、树立阶段化的发展目标并重点集中开发，尤其注意小众（利基）旅游产品的开发和培育。印度的旅游品牌推广初期的最巧妙之处在于扬长避短，对基础设施建设不足的发展中国家来说，强调目的地的精神内涵，不仅是一种价值观输出，还能让游客自动忽视掉基础设施建设不足的部分，甚至将其视为理所当然。这使印度在提升名气的同时能够进行基础设施建设，并利用丰富的资源开发其他类型的旅游产品，以保证旅游目的地在之后的发展中有足够多的受众，不会过于小众。旅游品牌推广中期值得学习的地方则是重视利用海外大型推广营销活动，对中远程市场（如英、美等西方国家）施加影响。相比印度，中国的客源国仍主要是韩国、日本、越南、俄罗斯等周边国家，远程客源市场乏力。印度在旅游管理建设时利用大型国际会议等契机，在会议地开展为期数月的国家旅游管理宣传活动，使目标发达国家游客印象深刻。在印度旅游品牌发展规划中，贯穿始终的是阶段目标。可以看到，印度的旅游政策推出十分有章法，每几年只侧重一个或几个项目的开发，将其建设好后再转向其他新项目，这使印度的每个旅游产品都能有长达几年的连续曝光期，令人印象深刻。同时，旅游部中小众产品部门的设置使印度始终有新项目推出，不会后续乏力。

第四节　马来西亚国家旅游管理体制

一、旅游管理机构介绍

（一）旅游与文化部简介

马来西亚旅游与文化部（以下简称"旅游与文化部"）表3-14 于1959年在马来西亚布城成立，旨在于2020年前将马来西亚发展为世界级的旅游和文化胜地，同时基于艺术、文化和文化遗产树立国家形象；使命是使马来西亚的旅游和文化业成为社会经济可持续发展的催化剂，加强对国家艺术、文化和文化遗产的维护（表3-14）。1972年马来西亚旅游开发公司成立，并于1987年转移到旅游与文化部（当时的文化、艺术和旅游部）下。1992年，根据马来西亚旅游推广董事会法案，马来西亚旅游开发公司成为马来西亚旅游促进局即马来西亚旅游局（以下简称"旅游局"），负责在海内市场推广马来西亚旅游。

旅游与文化部作为政府部门，主要负责旅游业的政策制定和行业监管等行政事务。旅游局主要负责马来西亚旅游的国内外推广，并在各国设立办公室，招募形象大使。

旅游与文化部负责旅游和文化业的国家政策制定和战略规划，具体职责有：

（1）公布旅游和文化方面的政策法规。

（2）为旅游和文化方面的管理层提供意见。

表3-14　马来西亚旅游与文化部介绍概览

马来西亚旅游与文化部（MOTAC）			
官方网站： http://www.motac.gov.my/en/ 推广网址： http://www.tourism.gov.my/			
上级机构	马来西亚政府	总部	布城
部长	拿督斯里穆罕默德·纳兹里·阿卜杜尔·阿齐兹（YB Dato' Seri Mohamed Nazri bin Abdul Aziz）	1959年，马来西亚旅游文化部作为马来西亚贸易部下属机构成立。20世纪80年代，马来西亚政府继续支持旅游业的发展，于1972年成立马来西亚旅游开发公司，1987年转移至当时的文化、艺术和旅游部名下，并于1992年变更为旅游局，专职负责海外市场推广。2004年4月，文化、艺术和旅游部拆分成另一个独立的部门——旅游部，旅游部仅关注旅游业方面的问题和管理。这次改革反映了马来西亚政府对推广旅游业的重视，将旅游业看成国家经济收入的主要贡献之一。2013年5月15日，在第十三次大选后，旅游部转变成现在的旅游与文化部。这是为了加强旅游和文化之间的联系，结合旅游品牌"马来西亚——亚洲魅力所在"，共同促进马来西亚成为首选旅游目的地	
	纳兹里先生于2013年5月16日担任马来西亚旅游文化部部长，负责国家层面旅游以及文化事宜的统筹管理工作。此前，他在首相署任职，在职9年期间负责法律以及议会事务管理等工作。纳兹里先生于1999年起任职马来西亚企业发展部部长		
海外办公室	欧洲：荷兰（阿姆斯特丹）、德国（法兰克福）、英国（伦敦）、意大利（米兰）、俄罗斯（莫斯科）、法国（巴黎）、瑞典（斯德哥尔摩） 美洲：美国（洛杉矶、纽约）、加拿大（温哥华） 东南亚：中国（北京、广州、香港、上海、台北）、苏丹国（文莱）、印度（金奈、孟买、新德里）、印度尼西亚（雅加达、棉兰）、菲律宾（马尼拉）、日本（大阪、东京）、韩国（首尔）、新加坡、泰国（曼谷）；越南（河内、胡志明） 大洋洲：新西兰（奥克兰）、澳大利亚（珀斯、悉尼） 西亚、中东、非洲：哈萨克斯坦（阿拉木图）、迪拜、土耳其（伊斯坦布尔）、沙特阿拉伯（吉达）、南非（约翰尼斯堡）		

注：旅游和文化部是官方机构，没有海外办公室。此处为旅游推广机构马来西亚旅游局的海外办公室。

（3）在部门和其他机构中发展人力资源。

（4）在旅游和文化方面，加强与其他政府机构、国际性机构、民营机构和非营利组织之间的联系。

（5）监管旅游方面各部门、单位绩效表现。

（6）保证各级相关机构的有效管理。

（二）旅游与文化部架构

马来西亚旅游与文化部的高层管理人员包括部长、副部长、秘书长、三位副秘书长（分别负责旅游、文化和管理方面事务）和主要职能单位部长，副秘书长管理各个职能单位分支和相关下属机构，如旅游局。

政治秘书和副部长协助部长处理旅游与文化部政治和日常管理事务，主要职能单位部长和副秘书长向秘书长汇报。同时，旅游局、马来西亚会展部和伊斯兰旅游中心直接向秘书长汇报。

旅游方面副秘书长负责旅游行业相关事务，管理的分支部门有旅游政策和国际事务部、旅游执照管理部、行业发展部、马来西亚旅游中心、"马来西亚——第二个家"项目小组和马来西亚旅游文化部各州办事处。

文化方面副秘书长负责国家文化行业相关事务，管理的分支部门有文化政策部、国际关系部（文化）、事件管理部、基础设施发展部、国家文化艺术部、马来西亚国家档案馆、国家遗产部、马来西亚国家图书馆、文化宫、马来西亚博物馆部、马来西亚手工艺品发展公司、国家文化艺术和遗产研究院、国家视觉艺术发展委员会。

管理方面副秘书长负责马来西亚旅游与文化部内部的运营管理，管理的分支部门有财务部、人力资源管理部、账务部、信息管理部和行政部。马来西亚旅游与文化部的组织架构图如图3-16所示。

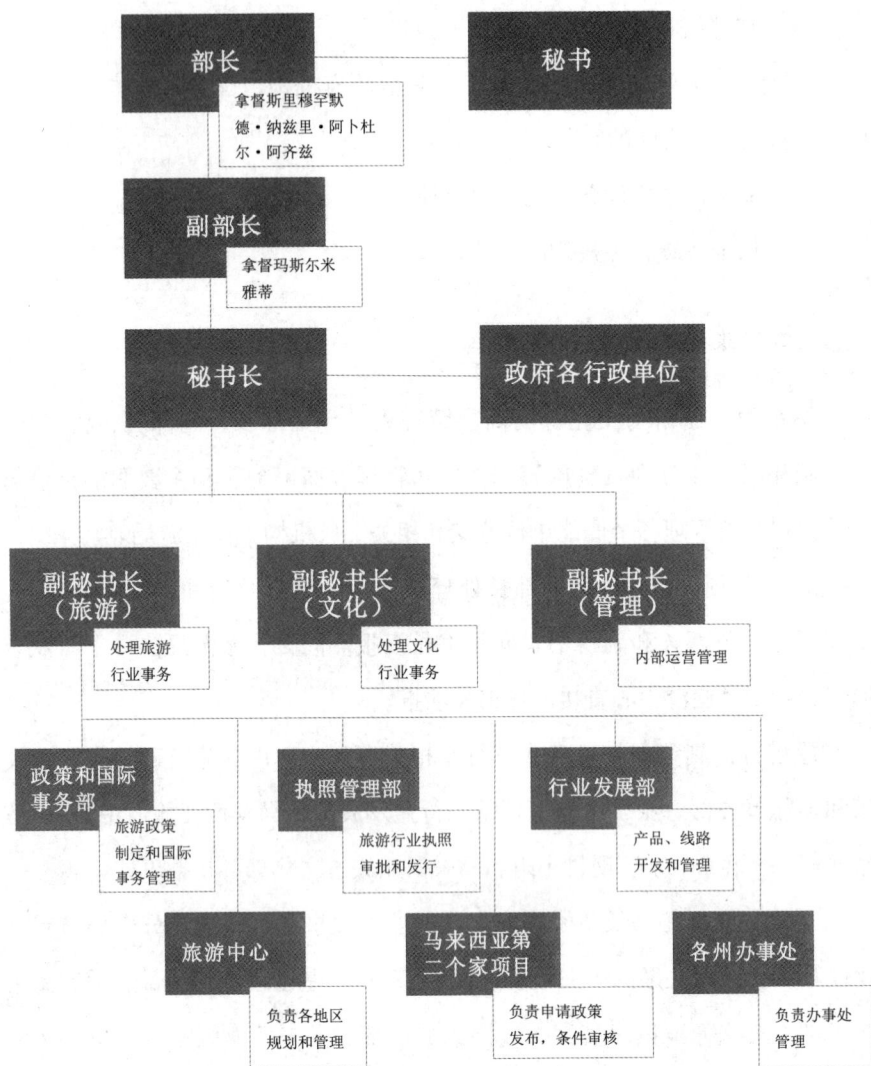

图 3-16 马来西亚旅游与文化部组织结构

二、旅游业发展战略

(一) 旅游业发展历史回顾

早在 20 世纪 50 年代，马来西亚政府就已经意识到旅游对经济发展的帮助，但并未有任何详细的发展计划和措施，直到 20 世纪 70 年代才出台了第一部旅游发展计划，但依旧缺乏对旅游品牌的认知，对外宣传也多以主题活动的形式展开，如一系列的"访问马来西亚年"活动。在迈入 2000 年之际，受当时政治、环境的影响，旅游业的发展十分低迷，马来西亚政府为恢复旅游业、吸引国际游客的目光，进而推出了"马来西亚——真正的亚洲"旅游品牌活动，并围绕该旅游品牌结合系列活动进行旅游行业的推广。

在"马来西亚——真正的亚洲"旅游品牌推出前，"访问马来西亚年"主要承担了旅游推广宣传的代言角色，旅游品牌推出后，虽然定期会举行年度庆典活动，但前期的重点以"精彩马来西亚"加以不同主题的年度活动，如 1990 年"精彩马来西亚·庆典年"、1994 年"精彩马来西亚·更自然的体验"，而 1999 年国家旅游品牌推出后，主题自然成为"马来西亚——真正的亚洲"。除传统的访问马来西亚年的活动，旅游局也推广一些子旅游品牌，如"奢侈马来西亚"，将免税购物的奢侈旅游概念引入，吸引更多的游客消费；鼓励国内游客出行的"马来西亚——美景就在身边"的项目；等等。2015 年发起的马来西亚庆典年"无尽庆典"的口号也将当年的活动无限期地拓展，将到访马来西亚的任何一刻都定义为庆典时刻，增加了节日的氛围。马来西亚旅游品牌历史回顾总结如表 3-15 所示。

表3-15　马来西亚旅游品牌历史回顾总结

时　间	口　号	活　动	定位/属性
1990	了解马来西亚，便会爱上马来西亚	访问马来西亚年（访马年）1990——"精彩马来西亚，庆典年"	旅游品牌定位：马来西亚——亚洲的魅力所在。旅游品牌属性：地标建筑；多元化、跨地区的国际活动
1994	无	访马年1994——"精彩马来西亚，更自然的体验"	着重展现马来西亚自然环境的魅力
1999—	马来西亚——真正的亚洲 就在此刻，就在马来西亚 无尽庆典	·旅游品牌出租车活动 ·访马年2007——"欢庆国家独立50周年" ·奢侈马来西亚 ·访马年2014——"欢庆马来西亚——真正亚洲" ·马来西亚庆典年2015	通过不同的主题年活动，定位马来西亚旅游多样化、包容、热带自然风光、奢华的购物体验等特性，是亚洲真正魅力之所在

1. 旅游品牌建设战略

1957年是马来西亚独立年，当时马来西亚的经济严重依赖橡胶、棕榈油等产品，为了促进马来西亚的经济多样化发展，马来西亚政府于1965年推出了第一个"五年经济计划"，并于此后每五年制订一个经济计划。"五年计划"中为旅游业发展制定相关战略方向、旅游业的宏观发展方向和关注重点，具体战略措施包括加强基础设施建设、放宽签证要求等。10年后出台的《旅游发展计划》重申了计划经济中基础设施建设的部分，并且提出了旅游度假胜地的概念。在第六个五年计划（1991—1995）中，马来西亚开始重视旅游业的发展，在经济计划中将发展马来西亚旅游业列为重点，强调国家旅游品牌和认知度，并且逐渐发展马来西亚特有的国家标志。随着马来西亚经济的不断发展，马来西亚政府先后出台了《国家旅游政策》《国家生态旅游规划》来加强旅游业的地位以及应对当时的社会和环境危机，在此背景下，政府和旅游局在千禧年之际推出了"马来西亚——真正的亚洲"旅游品牌。马来西亚旅游管理政策／规划如表3-16所示。

表3-16　马来西亚旅游管理政策/规划一览

政策／规划名称	颁布时间	内　容
《旅游发展计划》	1975	·要求加强马来西亚旅游基础设施建设 ·将活动的开展和政府制定的政策相结合，强调相关人员，如马来西亚航空公司和民营部门的合作，以优化旅游发展的资源配置 ·提出四个旅游度假胜地的概念及各度假胜地的主题，并逐步发展
《国家旅游政策》	1992	·提出发展旅游业的主要关注点，包括增加就业机会、发展当地企业等 ·扩展旅游产品种类，将传统的海洋、沙漠市场发展成自驾游、河边旅游度假、生态旅游等 ·提出探索马来西亚丰富的自然资源和人文资源的相关主题 ·各州采用不同宣传标语，都关注马来西亚的文化继承方面 ·加大投资，主要通过一年三次的大型嘉年华，将马来西亚打造成购物天堂
《国家生态旅游规划（1996）》	1996	·政策分为五个部分：问题、战略和措施；景点清单；发展指导方针；生态旅游现状；马来西亚在亚太地区的旅游发展地位。主要关注点在前三个部分 ·发挥马来西亚国内各旅游机构和中介对旅游发展的支持作用，加强生态旅游项目的融资能力 ·增加马来西亚当地社区的参与度，宣传旅游景点 ·确认马来西亚国内48个有潜力的生态旅游景点和4个可发展的旅游项目建议

续　表

政策 / 规划名称	颁布时间	内　容
《第二个国家旅游政策》	2003	·结合第一个国家旅游政策的具体内容和发展现状，制定 2003—2010 年国家旅游政策 ·改革马来西亚旅游体制，将"低产量旅游业"转变为"高产量旅游业" ·强调地区间合作对增加旅游收入的重要性
《国家生态旅游规划（2016—2025）》	2017	·政策主要分为四个部分：管理层总结、主报告、技术性报告和指导方针 ·制定战略实施的具体时间线，从短期到长期战略规划，发展旅游业 ·建立和马来西亚国内大中小型企业的合作关系，吸引国内外旅游业投资 ·扩展旅游产品种类，丰富旅游概念，加强马来西亚国内旅游相关基础设施建设 ·综合分析马来西亚的生态旅游业现状，包括营销、投资等 ·回顾 1996 年的第一个国家生态旅游规划，并结合现状进行相关分析

2. 与泰国的旅游竞争

马来西亚位于东南亚的中心，周围环绕着其他热带岛国以及多文化融合的国家，如新加坡、印度尼西亚、泰国等。从地理位置和旅游活动两方面来看，泰国是马来西亚旅游的最大竞争对手。

从地理位置来看，马来西亚具有更大的优势。马来西亚拥有马六甲海峡，港口建设优于泰国。但旅游服务基础设施建设方面，泰国评分高于马来西亚，因为泰国的经济发展主要依靠旅游业和出口，对旅游方面的设施建设更完善，政府投资也更大。

在新加坡、马来西亚和泰国之间，马来西亚和泰国的旅游活动最为相似。两国都具有文化多样性，宣传时都强调多元化，组织和开展了很多文化活动吸引游客。同时，两个国家拥有的自然资源和人文资源大多相似，因此国家在制定旅游政策时存在较多共同点，如都对周边国家加大免签、落地签政策力度（表3-17）。

表3-17　竞争国家描述和对比

属　性	马来西亚	泰　国
旅游环境	五项指数均分为5.36，安全指数评分最高，为5.8，商务环境指数评分为5.4，其余项均为5.2。马来西亚的旅游环境各方面都优于泰国，尤其是安全方面	五项指数均分为4.66，安全指数评分最低，为4.0，其余指数评分在4.8和4.9之间
旅游政策和条件	四项指数均分为4.6，价格竞争力指数评分最高，为6.1，环境可持续指数评分较低，为3.5。旅游政策和条件方面，马来西亚和泰国存在的差距不大，较为相似	四项指数均分为4.5，价格竞争力指数评分最高，为5.6，国际开放程度和环境可持续指数评分较低，分别为3.8和3.6
基础建设	航空运输基础设施指数评分为4.5，陆地和港口基础设施指数评分为4.4，旅游服务基础设施指数评分为4.7。马来西亚凭借地理优势，在陆地和港口运输方面优于泰国，但在旅游服务基础设施建设方面落后泰国	航空运输基础设施指数评分为4.6，陆地和港口基础设施指数评分为3.1，旅游服务基础设施指数评分为5.8
自然和人文资源	旅游资源指数评分为4.1，人文资源和商务旅游指数评分为2.9。泰国和马来西亚在人文资源和商务旅游方面差别不大，但是泰国较马来西亚拥有更多自然资源	旅游资源指数评分为4.9，人文资源和商务旅游指数评分为2.8

（二）最新旅游管理解读

1. 旅游管理背景和介绍

"马来西亚——真正的亚洲"（图3-16）关注马来西亚特有的多元化，将马来西亚打造成独特的旅游度假胜地。这个旅游品牌将马来西亚打造成多文化和多民族的国家，集亚洲各类景观、色彩、声音于一地，拥有三大人群：马来西亚人、中国人和印度人及其他民族。同时，旅游品牌还涉及马来西亚丰富的自然资源，如热带雨林和美食天堂。对比以往的主题活动，"马来西亚——真正的亚洲"更关注马来西亚的多元化。对于世界各地的游客，马来西亚都是适合体验亚洲文化、感受文化交融和休闲度假的国家。该旅游品牌的亮点有三个：文化活动、自然风光和美食天堂。其集吃喝玩购于一体，旨在为游客打造一个提供全方面旅游服务的马来西亚。

图 3-16 "马来西亚——真正的亚洲"标志

2. 目标市场策略

马来西亚旅游品牌的宣传主要以主题活动为主，并没有对目标旅游市场（主要客源国家）进行重点营销。基于对以往游客入境调查，主要游客的来源国是东南亚地区国家，因此根据马来西亚第二个国家生态旅游规划，旅游局对东南亚国家（菲律宾、新加坡、印度尼西亚和泰国）的居民，尤其是吸引这四个国家的高校学生采取了一些具体措施。比如，航空公司合作，发展直达航线；在学校假期间举办相关旅游活动吸引学生；提供有国际安全证明的住宿、夏令营地点等；专门制定针对学校活动、志愿旅游项目的宣传册，开展多元文化教育。除了中国，马来西亚对其余游客群体和其余国家没有采取特定的营销活动或营销战略。

马航 MH370 事件后，马来西亚失去了大部分中国游客的青睐，对此马来西亚在旅游推广方面充分利用中国社交媒体，如新浪微博和微信，对马来西亚旅游进行相关宣传，力图挽回马来西亚的旅游形象。此外，马航 MH370 事件后，马来西亚政府采取了快速办理签证，降低签证费用，甚至从 2016 年 3 月开始，中国游客前往马来西亚旅游停留 15 天内不需要办理签证，或者可以在网上申请在线办理 30 天或 90 天签证等措施，希望通过这些方式吸引游客赴马来西亚旅游。在政府合作方面，马来西亚还积极对接中国提出的"围绕丝绸之路经济带和 21 世纪海上丝绸之路建设"的项目，并希望借此挽回马航 MH370 事件对旅游业的负面影响。

3. 营销方式解读

根据世界旅游理事会 2017 年马来西亚旅游经济影响报告统计，马来西亚 2016 年旅游方面总投资为 206 亿马来西亚林吉特（约 343 亿元人民币），主要用于设施建设、旅游品牌推广、服务业人员技术培训等方面。

旅游品牌的宣传和推广主要依赖参与国际重要旅游交流会，如柏林世界旅游交易会。文化部和旅游局也会邀请和马来西亚有渊源的名人作为当地的旅游形象大使，如聘请时尚设计师周仰杰作为马来西亚驻英国的旅游形象大使。此外，旅游品牌的线上宣传主要依赖自媒体，即旅游局官网上发布旅游宣传视频、产品介绍、旅游信息等内容。社交媒体也是旅游局较常使用并且重点布局的渠道。除常规的活动宣传以及与旅游者和潜在目标人群的互动外，这类渠道在危机公关方面也能提供帮助，如马航 MH370 事件后，旅游局在微博平台上关注并公布事件动态，协助事件各方做好安抚家属情绪等工作。

4.竞争优势

马来西亚能在高手环立的旅游市场中，特别是东南亚邻国的虎视眈眈下取得一定的旅游市场地位（世界旅游竞争力排名第 26 名），除了其本身地域、文化的优势之外，旅游局对"真正的亚洲"旅游品牌形象和产品有效的结合也是其优势之一。作为和谐、包容的多文化聚集地，马来西亚不仅能有效地吸引非亚洲国家的游客前来体验，还能为亚洲国家的居民带来不同的感受。除了传统的旅游景点和大众旅游产品外，马来西亚更是打造了独有的小众产品，如鸟类观赏、垂钓活动，还注重景点、美食、购物等旅游附属行业的集合效应，提供"一条龙"服务，如婚礼和蜜月游等产品。

三、总结和分析

马来西亚入境旅游人数从 2007—2016 年总体呈上升趋势，甚至在金融危机后，入境人数依旧维持在增长的状态，虽然增幅不大，但能抵御世界范围内旅游业的萧条，一是得力于马来西亚的低物价（相较发达国家），二是与旅游局早年的推广、布局和活动息息相关。2015 年入境人数下跌主要是受到马航 MH370 事件及其他安全事故的影响（图 3-17）。

旅游业是马来西亚经济发展的主要支柱之一，为了达成国家旅游业各政策规划的目标，马来西亚政府对基础建设的支出逐年增加，甚至在金融危机中也保持正增长的趋势。但因为宏观大环境不容乐观，国内经济发展放缓，出口减少，旅游业发展下滑，失业率和旅游业 GDP 贡献率出现显著变化，如图 3-18 所示。2010 年，马来西亚政府推出"第十个五年计划"，关注购物旅游，加强地区之间的联系，发展廉价航空旅游等，因此机场、路面交通、购物商场等方面的建设和完善工程使当年基建支出同比增长46%。同时，积极振兴经济，降低了失业率。

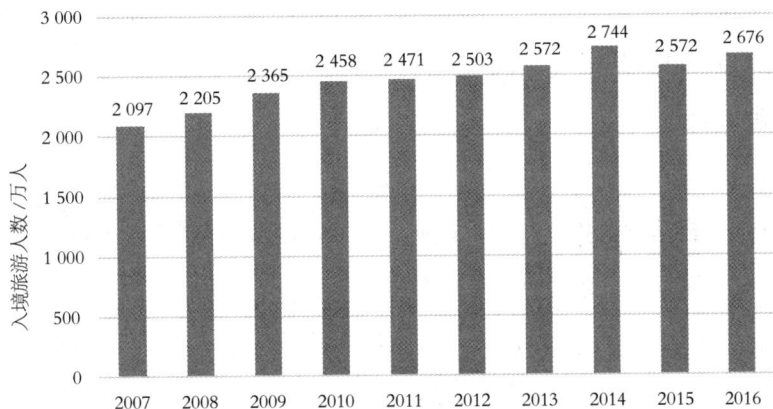

图 3-17 2007—2016 年马来西亚入境旅游人数变化

数据来源：马来西亚旅游局

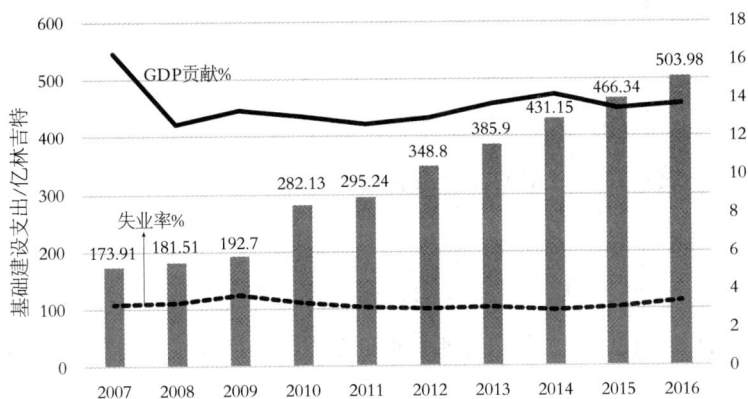

图 3-18 2007—2016 年马来西亚经济指标

数据来源：马来西亚统计局和世界旅游业理事会经济影响力报告

相较旅游品牌对经济的振兴,国际旅游奖项的评选和提名更是直接帮助马来西亚提升了旅游形象和地位。在国际大小奖项的评选方面,马来西亚荣获"全球第五最佳购物地点"、吉隆坡获评"全球第二顶级购物城市""亚洲领先游客委员会""亚洲领先旅游目的地"等诸多奖项。马来西亚旅游推广局还参加了大大小小的国际展会,极大地提升了马来西亚在国际上的知名度,塑造了马来西亚"度假胜地"的美名。旅游局在旅游品牌推广的视频制作方面,更是获得了无数的殊荣,如2014亚太地区旅游协会媒体推广"最佳旅游推广视频"金奖、第35届年度泰利奖音乐视频项目铜牌、在第三届蒂犹维尔绿色国际电影节上获生态旅游和负责任旅游奖等。

在文化背景、自然风光、经济条件相似的东南亚三国中,马来西亚能取得第26名,遥遥领先位于34名的泰国以及位于42名的印度尼西亚,有其可借鉴的地方。

首先,马来西亚如何把握国家特征塑造一个成功的旅游品牌的经验值得借鉴。马来西亚的宣传一直强调文化多样性、多元化和文化交融,结合一系列主题活动,给受众留下了深刻印象,并带给游客很强的新鲜感和吸引力。中国可以把握历史悠久的文化和各类传统文化风俗,抓住"历史悠久"的古韵,开展主题旅游观光活动,安排各类文化体验活动。这样做,不仅能够完成对面临失传的传统文化的保护工作,还能吸引国外游客,尤其是非洲和亚洲游客。

其次,马来西亚旅游业的发展证明:旅游配套服务的完善能带动旅游消费,除了对旅游景点进行合理规划和安排外,还要关注能够增加游客消费的活动。马来西亚从最初推出文化活动逐渐改进成旅游服务一条龙,包括观光、"购物天堂""美食天堂"的互相配合,方便和促进了游客消费,加大了马来西亚旅游业对经济发展的贡献。中国的景点资源丰富,许多历史遗迹和自然景点能够吸引大量国际游客,但游客在旅游购物和美食方面还有更大的消费空间。中国可以将诸多当地传统文化风俗商品化（如举办特定文化主题集市），推出更多文化体验活动，引进更多免税店，刺激游客消费。

最后，旅游业的发展需要和当地社区结合。马来西亚在发展旅游的同时加大对社区建设的投资，与社区合作发展当地旅游业，带动当地经济发展。中国如果能够在景点规划和建设时重视当地社区因素，加强和社区的沟通，不仅能够更好地挖掘景区特色，还能避免一些因过度开发和管理不善导致的负面消息，如近年来乌镇、丽江等景点城市出现的民众闹事、私人收费等问题。

第四章　研究方法

第一节　实证架构与研究假说

本节依据第二章的文献探讨，发展实证架构及研究假说，作为后续章节的研究基础。

一、实证架构

旅游行业经济结构优化是受一定要素作用和影响的，这些要素包括一般性供给要素、旅游产业链供给要素、游客旅游出行需求、旅游行业经济组织结构及行业系统大环境等。在这些要素里，行业系统大环境要素是旅游行业经济结构改善和优化的外界背景，而且环境要素从经济发展及行业管理政策层面为旅游行业结构创造了优化促动力。外界大环境作为旅游行业结构创新的背景，各种相关因素（包括产业资本投入、科学技术水准、人才劳动力等常规性要素）进一步明确了旅游供给的边界，从而为游客旅游出行规模的快速扩张、旅游出行需求服务质量的提升、旅游出行需求方式的优化打下了基础。一般供给影响要素也借助关联的产业结构优化来改变自身的影响，科学技术在互联网产业发展下快速进步，移动互联网的出现改变了人们的上网方式，从而在技术上为游客出行提供了上网的支持。现在，健康养生越来越受到人们的青睐，在健康养生业基础建设增加的同时，为旅游业的发展提供了良好的基础设施和资本投入。另外，产业资本投入、科学技术水平、人才劳动力的积累状况与发展水平也是旅游行业企业间重组兼并、合并集团化、加盟连锁网络发展的支撑条件。旅游行业经济组织结构优化改善了旅游业与相关产业的融合关联度，减少了旅游产品的同质化，明晰了产权所有制度，为旅游行业结构的优化提供了内在动力。与此同时，旅游行业经济组织结构的内部变化会影响旅游产品的供需结构。旅游行业组织机构可以借助的优化方式有股权退出、兼并重组、调整产业结构、公司集团化、战略一体化、网点网络化或产业价值链整合等，并在优化后可有效改善旅游产品供需结构的不平衡，推动旅游产品的质量化发展，推动旅游行业部门之间的紧密联系。另外，在我国大部分地区，旅游行业经济的发展是以需求来拉动的，并经过了国际旅游市场需求、国内旅游市场需求的冲击。根据这些认识，笔者认为相关要素作用于旅游行业经济结构的优化的机理可用图4-1来表示，相关要素包含一般供给的要素和旅游供给的要素，还有旅游供给和旅游需求。

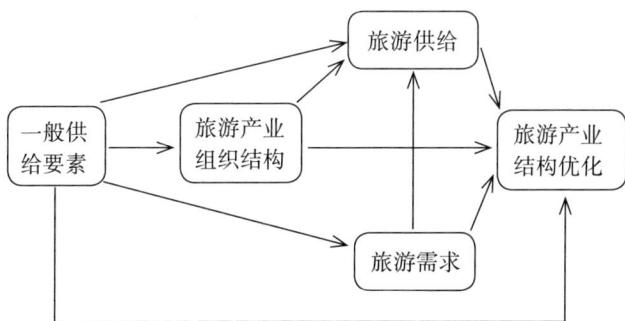

图4-1　实证架构模型

二、研究假说

旅游行业经济结构优化的重点在于促进我国旅游经济增长。因此，本研究提出以下假说。

假说1：从全国范围看，2000—2015年旅游行业经济结构优化对我国旅游经济增长有影响。

假说 1-1：旅游行业经济结构优化对我国旅游经济增长是显著的。

假说 1-2：旅游行业经济结构优化对我国旅游经济增长是正向的。

从假说 1 延伸，本研究可进一步推论出假说 1-3：将 2000—2015 年分为 2000—2007 年和 2007—2015 年两个时段，不同的时段内旅游行业经济结构优化与旅游经济增长之间的关系是正向显著的。

第二节　数据源与样本选取

本研究以国内 2000—2015 年旅游行业经济发展状况为研究目标，下面笔者就本研究的数据来源与样本选取过程进行说明。

一、数据源

在本研究的资料中，包括全国星级饭店年度主要经济指标、全国旅行社年度经济指标、全国旅游景区年度基本情况、全国旅游业从业人员年度基本情况、各省市年度旅游经济指标、各省市星级饭店年度主要经济指标、各省市旅行社年度经济指标、各省市旅游景区年度基本情况、各省市旅游业从业人员年度基本情况。这些资料均取自历年国家旅游局发布的旅游统计年鉴。

二、样本选取标准

本研究以国内发布公开统计报告之旅游行业经济为研究对象，研究期间是 2000—2015 年。下面将整体样本选取标准说明如下。

（一）国家旅游局统计报告公开发布行业组成

本研究样本界定范围是基于国家旅游局统计报告公开发布的各省行业企业经营统计数据，包括景区、饭店、旅行社等。因此，样本选取的标准以统计报告公开发布为原则。本研究选取 2000—2015 年的样本，研究样本共计 30 个省份。

（二）依照产业特色做分群比较处理

在所取得的样本中，本研究又可将其分为旅行社、景区、饭店。

第三节　区域旅游经济增长模型

索洛经济增长模型（Solow Growth Model）是著名科学家罗伯特·索洛提出的发展经济学中著名的模型，又被称作新古典经济增长模型、外生经济增长模型，是在新古典经济学框架内的经济增长模型。

索洛经济增长模型认为，资本、劳动力和技术这三个因素与经济增长密切相关。笔者在文中采用 Douglas 生产函数来研究和分析旅游业的经济效果和反应，其中设定的假定条件为劳动力水平。在此情况下，来研究和分析生产工作中所投放的各种要素与产出之间的联系。所以，在这个区域旅游经济的增长模型中，投放的物质资本和投放的技术都非常重要。在本书中，笔者重点研究旅游业与经济增长的关系，在模型中拟引入旅游业作为一个新生产要素，与此同时增加一些变量（与经济增长相关的变量）作为控制变量。这样设计后的 Douglas 生产函数模型为

$$Y = AK^{\alpha}L^{\beta}T^{\gamma}$$

取对数后得到下式：

$$\ln Y = \alpha + a \ln k + \beta \ln L + \gamma \ln T + \delta \ln X + \varepsilon_{it}$$

在此公式里，变量 Y 是经济增长指针，变量 A 是科学技术指针，表示物质资本、劳动投入和旅游业发展之外的其他影响产出的因素，变量 K 代表物质资本投入，变量 L 代表劳动力资本投入，变量 T 代表旅游业发展，变量 X 代表其他控制变量，a、β、γ 和 δ 代表各解释变量的大概估计系数，ε_{it} 代表随机误差项。

在本书中，笔者认为旅游行业经济结构合理化的实际含义是旅游行业

内部的各个子行业之间的相关协调程度，而且这种协调程度是在各种竞争推动下，各种资源要素在旅游各个子行业间重新分配安置的过程，在这个过程中，各种要素的配置从开始的无序失衡状态逐渐转变成有序并趋于平衡的状态，各种行业之间的科学技术水准以及劳动生产率的差距逐渐缩小，最终趋于投入与产出的平衡和动态耦合。

第四节　关于旅游行业经济结构合理化的判定测量方法

根据上述讨论，我们对旅游行业经济结构合理化的内涵有了一定认知，即结构偏离度是可以测量旅游行业经济结构合理化的指针。在本书中，笔者拟采用含有各产业的权重结构偏离度的加权之和 SR_{it} 来反映旅游行业经济结构合理化的指针 ❶，其函数表达式为

$$SR_{it} = \sum_{i=1}^{n} (\frac{Y_i}{Y}) \sqrt{(\frac{Y_i / Y}{L_i / L} - 1)^2}$$

式中，变量 SR、Y、L 各自代表结构偏离度的加权和、产出和就业，i 和 n 分别表示产业和产业部门数。变量 SR 值如果越大，则代表经济越偏离理想均衡状态，行业经济结构也就越偏离合理状态；与之相反，变量 SR 值越趋近于 0，则代表行业经济结构越趋向合理。

此指数考虑到不同的产业部门所在经济体中占的比重，在数据处理过程中简化了绝对值计算问题。

根据上述情况，结合相关数据的可得性，结合行业经济结构的合理化指针能否被研究者接受以及接受度，并结合笔者对旅游行业经济结构合理化内涵的认识，本书使用上面的表达式来测量旅游行业经济结构的合理化程度。

---

❶　吕明元，尤萌萌.韩国产业结构高度化对经济增长方式转型的影响[J].世界经济研究，2013(1): 73-80.

第五章 基于面板数据模型的旅游经济影响效应分析

第一节　旅游行业经济结构合理化的测度

我国在 1999 年之后开始实施十一"黄金周"政策，此后开始了旅游行业经济结构优化的进程。因此，本节把 2000 年作为研究的时间起点。

根据本书前面的论述，笔者以 2000 年作为本书分析研究的开始时间，将旅行社、旅游饭店、旅游景区等旅游行业企业的经营收入所得作为旅游业的产出——这个做法的有效性在有关学者研究中已得验证 ❶，同时在本书中，笔者依据国家旅游行业经济统计的数据分类方式（表 5-1），把旅游行业经济组成部门分解为三个部门：旅行社、饭店及其他旅游企业。

表5-1　2000—2015年国家旅游行业经济统计涉及的旅游行业组成部门分类

时　间	旅游行业部门分类				
2000 年	旅行社	旅游涉外饭店	旅游车船公司	旅游商贸服务公司	其他旅游企业
2001—2002 年	旅行社	旅游饭店	旅游景区（点）	旅游车船公司	
2003—2005 年	旅行社	星级饭店	旅游景区（点）	其他旅游企业	
2006—2008 年	旅行社	星级饭店	旅游景区	其他旅游企业	
2009 年	旅行社	星级饭店	旅游景区	其他旅游企业	

❶　生延超.旅游产业结构优化对区域旅游经济增长贡献的演变 [J].旅游学刊，2012(10)：11-19.

时　间	旅游行业部门分类			
2010 年	旅行社	星级饭店		
2011—2015 年	旅行社	星级饭店	旅游景区	

资料来源：《中国旅游统计年鉴》（2000—2015 年）

　　根据第三章中所述模型，可以得到 2000—2015 年全国旅游行业经济结构合理化的 SR_{it} 值。从整体来看，2000—2015 年 SR_{it} 值表现为总体上升态势，换句话说就是考虑到协调度因素，而且旅游行业经济结构的合理化长期呈现下降态势。SR_{it} 也表现出一定程度的波动性，此种波动性特征体现了指针 SR_{it} 是有弹性的。通过研究分析可知，2003 年发生了对全球旅游业有重大影响的卫疫事件，在非典型性肺炎突发疫情事件的冲击影响下，旅游行业经济结构的合理化程度呈现上升趋势；2008 年在席卷全球的金融危机影响下，旅游行业经济机构的合理化程度表现为上升的态势。随着非典型性肺炎突发疫情事件和金融危机影响的减弱，在市场机制调节和相关政策的引导与鼓励下，国内旅游行业经济结构的合理化程度呈现继续减弱的趋势，与前期的均衡状态出现逐渐偏离的趋势。

　　从组成部门的视角进一步观察旅游行业结构的合理化状况，笔者发现旅行社、饭店和其他旅游企业的行业经济结构的合理化程度有较大的差异性。从整体上看，其他旅游企业行业经济结构的 SR_{it} 值呈现趋于较为稳定的上升态势，也就是说合理化程度是呈现缓慢下降的趋势；旅行社行业经济结构的 SR_{it} 值长期处于高位且出现了较大程度的提升，尤其在 2001 年、2004 年、2010 年这几个年份。从国家宏观产业政策层面以及旅游消费需求受抑制后反弹的情况考虑，在这几个特殊旅游影响事件发生的年份，"黄金

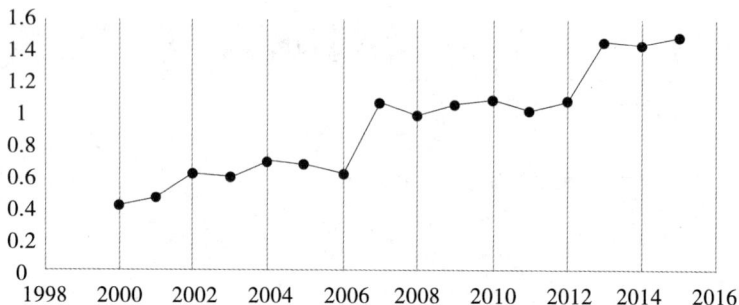

图 5-1　2000—2015 年全国旅游行业经济结构合理化

资料来源：《全国旅游统计年鉴》（2000—2015）

周"小长假政策、国民旅游休闲纲要和世界旅游强国三步走建设等重大旅游产业政策陆续出台，2004 年非典型性肺炎突发疫情事件对广大游客产生的不良影响减弱之后，境内游人数、入境游人数和出境游人数均呈现大比例增加的现象。与此同时，笔者发现在同样的突发事件影响下，饭店业却呈现出不同的表现，其行业经济结构合理度体现的情况是其受影响的程度大大弱于旅行社受影响的程度。因为饭店业是受中大型会议等必须需求的影响的，所以饭店业体现的抗冲击能力要强于旅行社业。结合产出比例以及偏离度的因素来看，自 2000 年起，旅行社业的产出值在旅游行业总产出值中的比率呈现上升趋势，其偏离程度也呈现较高的上升幅度（表 5-2），此种现象与时下互联网科学技术的普及应用密切相关。实际上，这 20 年来，旅游行业中不断普及和升级的网络科学技术极大地促进了旅行社劳动生产率的提高，促进了旅行社产出水平的提高，而且对旅行社业产生的影响要大大超过对饭店业和其他旅游产业的影响。

表5-2 旅游行业部门产出所占比例及其偏离度

年 份	旅行社		饭 店		其他旅游企业	
	占产出比例	偏离度	占产出比例	偏离度	占产出比例	偏离度
2000	0.18	1.57	0.62	0.19	0.2	0.2
2001	0.17	2.17	0.55	0.08	0.27	0.21
2002	0.20	2.56	0.52	0.17	0.28	0.12
2003	0.24	1.99	0.43	0.2	0.29	0.14
2004	0.30	2.16	0.39	0.25	0.30	0.20
2005	0.31	2.00	0.40	0.27	0.28	0.17
2006	0.28	1.74	0.43	0.24	0.29	0.14
2007	0.38	2.78	0.46	0.22	0.16	0.49
2008	0.35	2.65	0.42	0.28	0.23	0.29
2009	0.38	2.64	0.40	0.31	0.21	0.31
2010	0.41	2.58	0.41	0.34	0.19	0.32
2011	0.38	2.25	0.41	0.34	0.21	0.22
2012	0.40	2.55	0.40	0.34	0.20	0.29
2013	0.48	2.87	0.43	0.39	0.09	0.46
2014	0.52	2.54	0.42	0.45	0.06	0.35
2015	0.53	2.56	0.43	0.45	0.04	0.33

数据来源：《中国旅游统计年鉴》（2000—2015年）

另外，将图5-1和图5-2对比可以发现，旅游行业经济结构的合理化曲线和旅行社行业经济结构的合理化曲线有着非常类似的波动，这一现象说明旅行社行业经济结构的合理化因素是影响我国旅游行业经济结构合理化整体水平的相关因素。

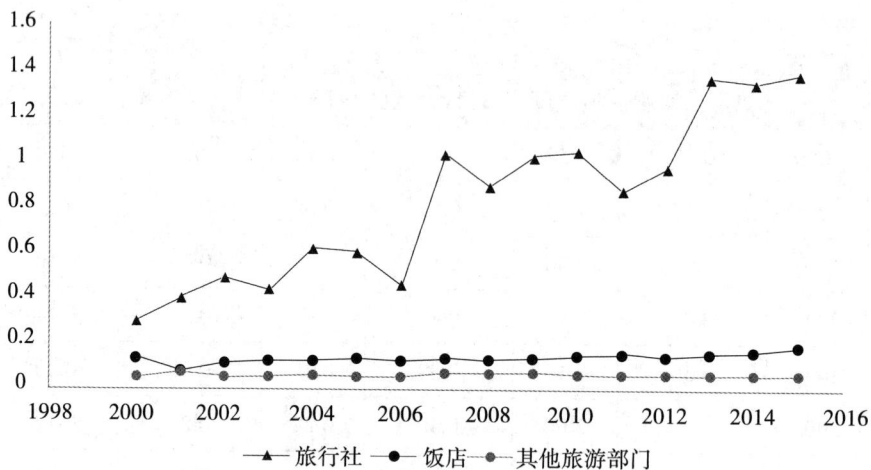

图 5-2　2000—2015 年旅行社行业经济结构的合理化曲线

数据来源：《中国旅游统计年鉴》（2000—2015 年）

第二节 变量选择与计量模型的构建

为了分析旅游行业经济结构优化对中国经济增长的影响，本书使用 2000—2015 年 30 个省（市、自治区）的面板数据进行实证检验（不含西藏）。

本书选取的因变量为旅游经济增长 y_{it}，用各省（市、自治区）i、各年份 t 内旅游收入占 GDP 的比值进行衡量。自变量为旅游行业经济结构合理化与高度化指标 SR_{it}、SQ_{it}，由于指标 SR_{it} 和 SQ_{it} 互为正逆指数，借鉴关雪凌和丁振辉的处理方式对其进行无量纲化处理（关雪凌，丁振辉，2012），取对数后分别记为 $\ln sr_{it}$、$\ln so_{it}$。处理过程如下：

$$sr_{it}=(\max SR_{it}-SR_{it})/(\max SR_{it}-\min SR_{it})$$

$$sQ_{it}=(SQ_{it}-\min SQ_{it})/(\max SQ_{it}-\min SQ_{it})$$

根据魏楚和沈满洪（2007）的观点，本书采用变截距模型。根据研究目的，笔者拟使用固定效用模型进行分析，其原因有以下几点。首先，对于大量个体的随机抽样调查而言，样本可以看作是对总体关系的判定，应当采用随机效应。同时，本书截面数据是研究总体的所有地区，可以将各地区之间的差异看作回归系数的参数变动，适用固定效应模型（关雪凌，丁振辉，2012）。其次，随机效应是假设个体效应和随机误差项是不相关的关系，但固定效应是不需要这一假定条件的，所以对本书的研究来说，后面这一情况更为合适（干春晖等，2011）。据此，模型设定如下：

$$y_{it} = \gamma_i + \beta_1 \ln sr_{it} + \beta_2 \ln so_{it} + u_{it}$$

式中，γ_i 代表各省（市、自治区）不可观测效应，u_{it} 代表独立同分布的随机误差项。

控制变量的选取缺乏一致的标准，为了避免选取的随意性，参照干春晖等●的做法，将因变量与自变量的交叉项作为控制变量项，之所以如此设置是考虑到以下原因：第一，因为残差中未能引入模型的因素，同时与解释变量或被解释变量相关时才会激发内生性，所以把交叉项引进到模型中，从而取代这些激发内生性的要素，以起到代表各种控制变量的功能；第二，可以根据估计行业经济结构优化对经济增长的偏效应●。为此计量模型变为：

$$y_{it} = \gamma_i + \beta_1 \ln sr_{it} + \beta_2 \ln so_{it} + \beta_3 \left(y_{it} \times \ln sr_{it} \right) + \beta_4 \left(y_{it} \times \ln so_{it} \right) + u_{it}$$

为了消除个体效应，对上式进行差分，得到差分方程：

$$\Delta y_{it} = \gamma_i + \beta_1 \Delta \ln sr_{it} + \beta_2 \Delta \ln so_{it} + \beta_3 \left(\Delta y_{it} \times \Delta \ln sr_{it} \right) + \beta_4 \left(\Delta y_{it} \times \Delta \ln so_{it} \right) + \Delta u_{it}$$

差分方法会导致差分后随机扰动项的相关性，在估计参数时需要使用面板稳健性标准偏差。此外由于交叉项和残差项有关，上式中难免具有内生性。对此本书将所有解释变量视为内生，并用其滞后项和差分项作为工具变量进行面板广义矩估计。考虑到广义矩估计的一致性取决于工具变量的有效性，本书使用 Hansen 检验进行判断。

上述变量所涉及数据主要来自历年《中国旅游统计年鉴》（2000—2015年）及各省（市、自治区）的历年统计年鉴直接获得或计算得出。针对部分地区个别年份缺失数据的问题，本书采用移动平均化进行了处理。

● 干春晖，郑若谷，余典范.中国产业结构变迁对经济增长和波动的影响[J].经济研究，2011(5): 4-16.

● 杨天宇，朱林.中国居民收入分配对产业结构升级的影响基于省级面板数据的GMM 估计[J].产经评论，2014, 5(1): 58-71.

第三节　对全国旅游经济增长的影响

为了避免因数据不平稳造成"伪回归"现象的发生，首先根据单位根检验指针检验面板数据变量的平稳性。由于单位根检验理论非常复杂，需要综合考虑多种方法考察检验的结果；同时，由于本书使用的非平衡面板数据，所以在检验中主要依据 ADF-Fisher[1]、PP-Fisher[2]、IPS 三种指针综合判断变量的平稳性，结果表明除极个别指标外均不能拒绝存在单位根的原假设，变量一阶差分后的检验则均拒绝原假设，因此可以判断面板变量的 AR（1）序列是平稳的。

使用 stata12.0 软件并基于 xtabond2 程序估计 2000—2015 年间全国旅游行业经济结构优化对旅游经济增长的影响，并结合第四章我国旅游产业发展历程的分析，将 2000—2015 年分为 2000—2007 年和 2008—2015 年两个时段，以便在全国水平上，考察旅游行业经济结构优化对旅游经济增长影响的变迁情况。在估计时，根据 Roodman[3] 的研究，笔者把部分模型参数设置如下：方法为两步估计（two-step）、标准偏差为稳健标准偏差（robust）、统计量为小样本中的 t 统计量（small）。此外，由于过多的工具变量数可能

[1]　Maddala G S, Wu S. A comparative study of unit root tests with panel data and a new simple test[J]. Oxford Bulletin of Economics and Statistics, 1999(Special Issue): 631-652.

[2]　Choi I.Unit root tests for panel data[J]. Journal of International Money and Finance, 2001.20(2): 249-272.

[3]　Roodman D. How to do xtabond2: An introduction to "Difference" and "System" GMM in Stata[Z]. Working Paper, Center for Global Development, 2006.

会过度拟合内生变量而不能去掉内生部分，并有可能会弱化 Hansen 过度识别约束检验❶，因此在估计时本书尽量遵循工具变量数不超过截面数的拇指规则。

结果如下表 5-3 所示，从全国水平看，无论是 2000—2015 年的全时段估计，还是 2000—2007 年、2008—2015 年的分时段估计，旅游行业经济结构合理化和旅游行业经济结构高度化均对中国旅游经济增长具有 1% 水平上的影响。由此可见，旅游行业经济结构优化可以说是促进旅游经济增长的重要动力来源，而且其影响具有持续性。从影响系数的大小看，无论是全时段估计还是分时段估计，旅游行业经济结构高度化的直接影响都是大于旅游行业经济结构合理化的直接影响。从影响力变迁的角度看，从 2000—2007 年到 2008—2015 年，旅游行业经济结构合理化对旅游经济增长的直接影响在减弱，旅游行业经济结构高度化对旅游经济增长的直接影响相对有所增强。

同时，回归系数 β_3 和 β_4 反映了旅游行业经济结构优化对旅游经济增长影响的间接效应，二者均为负数，表明旅游行业经济结构合理化和高度化和其他因素产生的相互作用对旅游经济增长起到了抑制作用。但是，直接效应与间接效应的系数比及 $|\beta_1/\beta_3|$ 和 $|\beta_2/\beta_4|$ 均大于 1，因此旅游行业经济结构合理化和高度化水平的提高（SR 值变小或 $\ln sr_{it}$ 值变大；$\ln so_{it}$ 值变大）仍会进一步推动旅游经济的增长。

为了全面考察旅游行业经济结构优化对旅游经济增长的影响，以进一步分析旅游行业经济结构优化的偏效应，其公式为：

$$\partial y_{it} / \partial \ln sr_{it} = \beta_1 + \beta_3 y_{it}$$
$$\partial y_{it} / \partial \ln so_{it} = \beta_2 + \beta_4 y_{it}$$

---

❶ 方洪生，张军. 中国地方政府竞争、预算软约束与扩张偏向的财政行为 [J]. 经济研究，2009(12): 4–16.

如下表 5-3 所示，偏效应结果表明，在 2000—2015 年，我国旅游行业经济结构合理化和高度化的偏效应均由负值变为正值，说明旅游行业经济结构优化对旅游经济增长的促进作用在增强。

表5-3　2000—2015年我国旅游行业经济结构优化对旅游经济增长的影响

变　量	Δy_{it}		
	全国	2000—2007 年	2008—2015 年
$\Delta \ln sr_{it}$	1.467***(2.95)	1.102*** (3.09)	0.866***(4.09)
$\Delta \ln so_{it}$	1.982***(4.75)	1.135***(3.21)	1.849***(4.64)
$\Delta \left(y_{it} * \ln sr_{it} \right)$	−0.106***(−5.47)	−0.145***(−13.45)	−0.777***(−6.67)
$\Delta \left(y_{it} * \ln so_{it} \right)$	−0.172***(−3.53)	−0.128***(−3.08)	−0.123***(−4.50)
观测值	315	118	197
F 统计量	25.18	264.79	28.61
Hansen 检验 P 值	0.137	0.260	0.227
sr_{it} 的偏效应	0.530	−0.288	0.266
so_{it} 的偏效应	0.462	−0.092	0.890

注：*、**、*** 代表 10%、5%、1% 置信水平上差异显著。括号内数字是 T 统计量。

上述研究结果说明，从全国水平来看，我国的旅游行业经济结构的高度化程度呈现稳定增长态势，而合理化程度呈现逐渐减弱态势。为了精确反映旅游行业经济结构优化对旅游经济增长的贡献，本书进一步构建了面板数据计量模型。以旅游收入占 GDP 比重为因变量，以旅游行业经济结构合理化和高度化为自变量，以自变量和因变量的交互项为控制变量进行了实证研究，估计方法为差分广义矩法。结果表明：①从全国范围看，2000—2015 年间旅游行业经济结构优化对我国旅游经济增长的影响均是显著正向的；②将 2000—2015 年分为 2000—2007 年和 2008—2015 年两个时段，重新考察不同时段内旅游行业经济结构优化对我国旅游经济增长的影响，结果表明绝大部分时段内的影响也是显著正向的，这说明行业经济结构优化对我国旅游经济增长的影响具有普遍性和持续性。

第四节　实证结果与含义

本节将上述几节的研究假说的验证结果整理为如表 5-4 所示，说明主要实证结果，并针对假说未获支持的部分提出可能的理由，最后阐述本研究实证结果的含义。

表5-4　研究假说的实证结果

研究假说	统计检验	实证结果
假说 1：旅游行业经济结构优化对我国旅游经济增长是有影响的	显著	支持
假说 1-1：旅游行业经济结构优化对我国旅游经济增长是显著的	显著	支持
假说 1-2：旅游行业经济结构优化对我国旅游经济增长是正向的	显著	支持
假说 1-3：不同时段内旅游行业经济结构优化对我国旅游经济增长的影响也是显著正向的	显著	支持

第六章　旅游行业经济结构
优化的政策建议

第一节　研究结论

根据上述研究，本书得出以下结论。

结论一：旅游行业结构优化是个系统工程，应从实践角度出发来考虑如下几个问题：一是考虑旅游行业组织结构与旅游行业结构的相互作用；二是应考虑需求拉动、要素推动等因素。另外，区域旅游行业结构优化需结合区域和企业的自生能力，从而可结合要素创新促进旅游行业结构优化。结合旅游行业政策引导，实现旅游行业结构优化的顺利实施。

结论二：从动态的角度来看，旅游行业产业结构优化表现为旅游行业结构的高度化和合理化。研究情况说明，自 1997 年以来，旅游行业结构的高度化程度呈现稳定增长态势，合理化程度持续下降。从部门的水平看，旅行社行业结构的高度化程度要比其他部门高，而合理化程度比其他部门略低，波动性趋势明显。

结论三：旅游行业结构优化是个复杂的系统工程，要使该系统优化，应该首先从理论的角度来明晰旅游行业结构的框架，明晰旅游行业结构优化是需要立足于企业及区域的自生能力，明晰旅游行业结构政策与旅游行业组织政策的区别及互动关系，并有针对性地引导和促进旅游行业的发展，才能保障旅游行业结构的持续性发展和升级。另外，因为促进旅游行业发展的因素是多方面的，所以对旅游行业结构优化策略的研究和探讨应扩展到整个旅游行业，而不是限于面向旅游者的旅游行业内部。

为了系统性研究和提炼我国旅游行业结构的优化对策，需要明晰旅游行业结构优化的基础理论，知晓我国旅游行业结构优化所处环境和发展状况、了解影响旅游行业结构优化的因素及机制原理、把握旅游行业结构优化纬度对旅游行业经济发展影响的效应差异。

旅游行业结构优化既要立足于市场秩序和企业活力，又要结合实际，根据我国旅游行业结构优化水平、能力与纬度作用力的区域差异、影响因素等进行优化，结合这些要素的动态变化状况来进行优化。只有全面兼顾不同区域、不同时期旅游行业结构优化条件和进程的差异，旅游行业结构优化才能取得更好的效果。

第二节　旅游行业结构优化的建议

从以上理论和实证分析来看，我国旅游行业结构优化的对策应该考虑以下几点：第一，旅游企业的能力构造是旅游行业结构优化的着力点；第二，旅游行业结构优化的原动力来自要素启动；第三，旅游行业结构的优化是需要各方的协调发展；第四，旅游行业的结构优化是个非均衡增长的过程；第五，旅游行业结构优化要重视区域发展；第六，旅游行业结构优化要以产业政策为导向。

一、旅游企业的能力构造是旅游行业结构优化的着力点

企业是社会宏观经济运行的基础，也是行业结构升级优化的基础。所以，旅游企业的能力构造是旅游行业结构优化的着力点，在确保旅游行业健康持续发展的情况下，为旅游行业结构优化提供动力支持。旅游企业的能力构造，不仅要靠企业的自身努力，还需要政府行业政策的引导与扶持。

（一）企业能力有关理论

按照企业能力理论的观点（图6-1），企业能力分为一般能力、核心能力、动态能力三个层次。

其中，一般能力是企业维持正常经营所必须具备的能力，缺失了该能力，企业则无法运营。另外，一个企业能否获得竞争优势还与该企业是否

遵循了比较优势有关，林毅夫●深化了企业自生能力理论。企业自生能力指的是在一个开放、竞争的市场中，一个有着正常管理的企业，不依赖于任何外在扶持和保护就可以生存，且能在市场竞争中取得较好的利润率，实现预期经营目标，在市场经济竞争环境中得以生存，并取得发展。一个企业是否具有自生能力，取决于其产业、产品、技术选择是否与经济要素禀赋结构所决定的比较优势一致。如果不一致，在一个公平开放、公开竞争的市场环境中，企业即便有的管理也不能获得可以接受的利润率。一个不具有自生能力的企业，只有在政府的保护和扶持下才能生存和发展●。

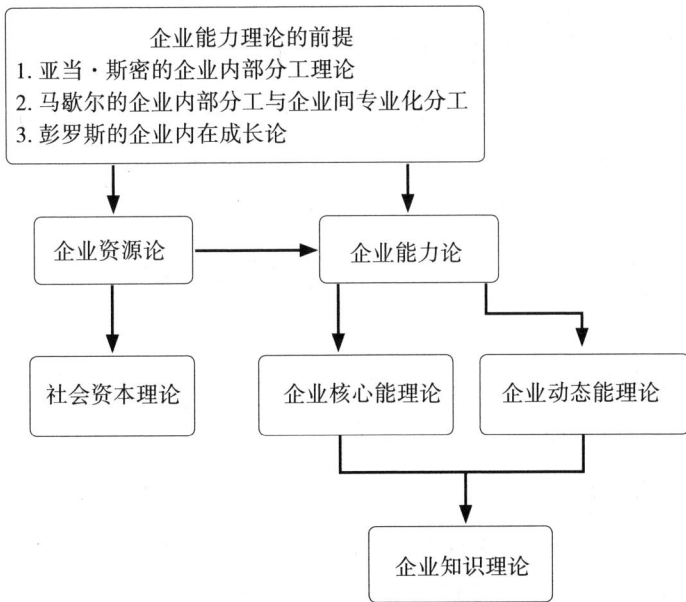

图6-1　企业能力理论●

---

❶　林毅夫.企业自生能力与国企改革［J］.发展，2005(80)：11-12.

❷　汪季清.旅游经济学[M].合肥：安徽大学出版社，2009：171.

❸　张泽一.产业政策与产业竞争力研究[M].北京：冶金工业出版社，2009：87.

（二）旅游行业企业能力构造的主要途径

从行业企业和行业联动方面考虑，旅游行业企业能力构造的路径可以分为三个角度：一是旅游行业企业的价值链条中优势的构造；二是旅游行业企业价值网络的塑造；三是引导比较优势。

1. 旅游行业企业的价值链条中优势的构造

价值链的概念首先是由波特学者提出的，他认为企业的价值创造是通过一系列基础活动（生产经营、内勤、外勤、服务和市场营销）和辅助活动（人力资源管理、企业基础设施、采购和技术开发）构成的创造服务和产品的过程。和其他行业企业相比，旅游企业价值链侧重于服务，在接待过程中各环节紧密衔接并产生竞争优势。另外，信息技术已成为旅游行业企业价值链中重要的一部分。因此，旅游行业企业价值链中的主要优势构造，应该包括旅游服务质量、旅游产品、旅游信息技术等三方面结构的优化提升。

（1）旅游产品的结构优化。旅游产品的结构优化无疑是旅游行业结构优化的基础，旅游产品的优化来源于产品的创新。本质上说，创新可以满足顾客的期望和需求，所以应该重点关注旅游者的需求是什么。旅游产品创新的本质是文化创新，表现形式是针对高度细分目标市场的主题创新（王大悟，2000）。大众旅游时代，他们不再满足于被安排、被动的团队旅游模式，旅游者更加重视体验——参与性的体验，并且乐于在网络世界与人分享自己的个人体验。在个性化消费时代，更是迫切需要旅游产品创新，而文化创新是旅游产品创新优化的有效手段之一。文化创新需要关注旅游者的真实需求，避免运动式的模仿改造，避免"千村一面"。文化创新并不是表面的文化创新，而是来自民众生活和内心的真实的文化创新，如小区文化。

（2）旅游服务质量优化提升。服务质量是旅游服务业的核心竞争力，服务质量好，旅游企业就有良好的竞争力，反之则相反。旅游产品、旅游从业者素质的高低使旅游服务质量难以控制。为了提高旅游服务质量，旅游行业长期推行旅游服务标准化，以统一行业服务标准。《国务院关于加快发展服务业的若干意见》《全国旅游标准化发展规划（2009—2015）》等的发布，不断推动了旅游业服务的标准化，而旅游标准化示范工程打造了一批旅游行业标杆。但和西班牙等旅游业发达国家相比，我国旅游业的产业发达程度、人才培养、游客素质、标准化体系等都有待进一步完善。旅游标准制定过程的科学性、旅游标准的指导作用有效性、旅游标准对行业的制约性都需要继续关注和提高。随着文化旅游的进一步融合，旅游服务质量将得到进一步优化和提升。

（3）信息技术在旅游业中普及应用。旅游行业的第三产业属性以及旅游者个体需求的差异性，促使旅游行业企业之间产生了很强的合作粘性，跨区域经营和合作成为常态，这使旅游企业对信息技术有天然的必需性和亲切感。移动互联网时代，众多的旅游企业依靠信息技术的应用而壮大。传统旅行社也开始结合移动互联网，发展在线业务，如中青旅全力打造遨游网，港中旅打造芒果网，它们都凭借互联网的平台发展自身的业务。这些企业的发展过程中，信息技术和网络营销的应用也起到了很大作用。现代网络营销技术的应用，使旅游信息快速传播，也使旅游产品的设计更加优化。

2.旅游行业企业价值网络的塑造

（1）价值网络

企业只有具备动态能力，才能适应新兴技术变革，而动态能力的本质特征即是因时而变、因事而变、因势而变、因知而变、因市而变、因适而变的[1]。而随着全球经济一体化的快速发展、顾客需求的个性化发展和高新科技应用的快速变化，企业除了要继续关注自身的战略价值活动以外，还应该关注整个行业的目标管理系统的效果[2]。以往长期以来，实行纵向一体化联系合作的企业联系模式也在改变，各个企业的价值增值环节之间联系越来越紧密，随之出现了一系列的重选、替代、交叉、融合特征。企业价值链经过解构、整合和重构，逐渐形成了价值网络[3]。企业价值网络的概念是为实现和满足客户需求的目标，让客户认可企业旅游管理价值，把为客户服务的产业链中所有成员，即公司、供货商、分销商、制造商和客户都实现增加价值，并且将这些参与者以协作、数字化方式连接在一起，形成网状组织系统[4]。具体而言，按照所处环境的不同，企业价值网络可以分为两个层次：一个是企业内部；另一个是企业外部。其中，企业内部价值网络是以企业某一核心竞争能力要素为网络中心，由企业内部不同的价值链和价值模块组合而成的网络系统。而企业外部价值网络是各个利益相关主体彼此相互关联作用形成的价值关系，包括生成、分配、转移和使用的关系及其结构，各个不同的企业价值链和价值摩卡相互交织组成价值系统，形成企业外部价值网络（余东华等，2005）。

（2）价值网络构建

在信息经济时代背景下，旅游者出行选择的自由度大大增加，旅游信

[1] 李仕明，李平.新兴技术变革及其战略资源观［J］.管理学报，2005(3): 304-306, 361.

[2] 周煊.企业价值网络竞争优势研究［J］.中国工业经济，2005(5): 112-118.

[3] 余东华.模块化、企业价值网络与企业边界变动［J］.中国工业经济，2005(10): 88-95.

[4] 欧阳双喜，王世豪.企业价值网络运行机制实证研究［J］.价值工程，2008(1): 43-46.

息从网络上获取的深度和广度都比过去有了质的提升，在线导览、在线旅游线路规划等全新的网络助行方式的出现，极大地满足了人们出行的个性化需求。OTA在线旅游服务商的快速发展对传统旅行社造成了极大冲击，从而迫使传统旅游行业产业链的结构、旅行社内部分工和经营模式发生改变。

在旅游行业价值网络再构的过程中，先要明确行业企业的核心，行业企业的核心应该具备其他企业所不具备的竞争优势，且行业企业具有良好的协调能力，可以妥善协调网络企业成员的关系，推动提升网络成员之间的协作竞争力。从当前旅游发展情况来看，航空企业、大型OTA、大型连锁旅游管理酒店集团具备此类竞争优势。旅游行业价值网络再构应当依托信息技术，推动成员企业联动发展。

3. 引导比较优势

在旅游行业企业发展的过程中，外界引导也发挥着一定作用。对于企业来说，具备比较优势是企业能够获得竞争力的前提。对于政府来说，希望引导产业链企业聚群发展，形成更大的集群竞争力，促进地方经济发展。比如，杭州城西的电子商务小镇、城东的电商产业园，将相关产业的企业聚集在一起，并给予一定的扶持政策和资金支持。在这些产业集聚区内，产业聚集的优势产生极大的互助推动力，促进了企业之间的共同发展。

二、旅游行业结构优化的原动力来自要素启动

从旅游行业结构优化和转换速度及能力的动力要素看，旅游行业结构优化应该促进启动供给、需求、结构等要素，并提高这些要素的动力作用。

（一）促进启动要素

前面的论述和研究表明，资本、人力资源和技术是推动旅游行业结构优化的主要因素。实际上，旅游业的发展与资本、人才、技术等要素密切相关。

技术发展及其效应扩散对旅游行业的影响是全方位的，仅以旅游资源创新为例，技术进步不仅引起旅游资源内涵及其外延发生了显著变化，也促进了旅游资源的供给及其质量的提升 ●。

旅游行业的发展长期受制于资金短缺，中西部地区的基础设施落后成为旅游经济发展的最大问题。为了促进旅游投资，国务院于 2015 年颁发了《国务院办公厅关于进一步促进旅游投资和消费的若干意见》(国办发〔2015〕62 号)。之后，旅游业开始快速发展，旅游产业招商引资金额快速增长。旅游投资表现出如下特征。

（1）各路资本旅游投资不断增长，多元化投资格局加快形成。2015 年前三季度民营企业投资旅游业 2 819 亿元，占全部旅游投资的 51%，投资热点不断扩散，旅游业的旅游度假区、旅游景区、健康旅游等产品不断吸引着新的投资。政府或国有企业投资占所有旅游总投资的比例为 21%，依然是旅游投资的重要主体。其中，由民营企业投资达到 300 亿元以上的项目共计 13 个，分别是重庆龙水湖国际休闲度假区（原大足石刻影视创意文化基地）、江苏启东市吕四渔港风情区、浙江阳光海湾、浙江奉化松岙凤凰城、安徽江北旅游休闲度假区、福建海沧翔鹭旅游文化创意产业基地、山东烟台东部滨海生态城、山东东方海洋龙栖城、四川达州市达川区帝源生态旅

● 汪宇明，钱磊，吴文佳.旅游资源新论——基于游憩需求变化与技术进步的视角[J]. 旅游科学，2010(1): 9-16.

游度假区、云南江川仙湖锦绣项目、云南西部大峡谷温泉旅游休闲度假区、云南绿荫村综合旅游项目、宁夏"黄河金岸·华夏河图"。

民营资本逐渐成为旅游产业投资的主要来源，政府和国企投资比重不断下降，外商投资处于辅助地位。投资行为体现了以下特点：①民营资本喜好在发达地区进行投资，主要是在东部沿海地区，产品主要倾向于高档休闲旅游度假区、中医药健康旅游度假区、养老旅游度假区；②政府和国有企业喜好根据中央政策在西部地区进行旅游投资，主要是对基础设施，如房车营地、自驾风景道路、旅游集散中心、旅游厕所等投入大、回报慢的公共服务设施进行投资；③外商投资喜好在东部沿海地区进行投资，以实现较好的回报率，约有64%的资金投入东部省份。

（2）景区类和休闲度假类项目投资占比最大，新产品、新业态投资热点不断涌现。2015年前三季度，旅游景区建设和升级改造类投资继续增加，实际完成投资3 175.4亿元。旅游基础设施投资大幅增加，前三季度实际完成投资464.7亿元，占全国总投资比重为8.4%。旅游购物、旅游车船及旅游演出类投资明显回落。从业态看，资金主要投向度假、观光、文化和生态旅游方面。其中，度假及观光类产品投资分别占18.5%和17.9%，比例最高。其次为文化旅游和生态旅游，分别占14.6%和13.8%。同时，红色旅游、海洋旅游、商务旅游、邮轮游艇和医疗健康旅游也受到投资商的青睐。

（3）东部地区是全国旅游投资的增长极，中心部地区旅游投资潜力巨大。2015年前三季度，东部地区实际完成投资2 767.5亿元，占全国旅游总投资的50.3%，是旅游投资的重点区域。其中，山东、河北、江苏、浙江旅游投资占比较大。西部地区实际完成投资1 788.2亿元，占全国旅游总投资的32.5%，超过中部地区，成为最具潜力的区域。其中，四川、甘肃、广西、贵州是西部旅游投资热点区域。中部地区增速放缓，实际完成投资946.3亿元，占全国旅游投资的17.2%。其中，安徽是中部旅游投资的热点地区。

（4）在线旅游投资持续升温，在线租车行业备受资本青睐。在线旅游投资热度不减，投资额度再创新高。据不完全统计，2015 年前三季度季度，在线旅游企业投融资额度已超 772 亿元，比 2014 年在线旅游投资增加 230 亿元，是 2014 年全年投资的 1.4 倍。其中，第三季度在线旅游投融资额度超过 291 亿元。第三季度在线旅游单笔投资额度超过 10 亿元的有 7 笔，其中在线租车领域最为火热，滴滴打车、一嗨租车和神州租车共获得超过 180 亿元的投资。同程网和途家网分别获得 3 亿美元和 60 亿元投资，扩大了各自市场的占有率。在线旅游已成为备受资本青睐的重要旅游投资领域。

（5）政府引导旅游投资的力度加大，社会资本投资旅游业的市场环境不断改善。2014 年，中央和省级财政对旅游业的专项投入达到 96 亿元，比去年增长 23%，财政资金的引导性投入加大。2015 年 5 月 15 日，国家旅游局联合国家开发银行、中国进出口银行、中国工商银行、中国农业银行、中国银行、中国建设银行、招商银行、平安银行、兴业银行 9 家银行，共同发布 500 个全国优选旅游项目。项目覆盖景区提升改造、乡村旅游、休闲度假旅游、自驾车房车营地、旅游演艺五大类型。计划总投资 14 405 亿元，需要贷款金额近 5 000 亿元。旅游优选项目大多已具备开工建设条件，开发设计理念先进，示范性和带动性较强。旅游优选项目的落地将有效拉动交通、餐饮、住宿、购物等行业投资近 7 万亿元，解决 100 万人口就业，新增约 7 万亿元消费。同时，国家旅游局推动设立国家和省级旅游产业基金，进一步拓宽旅游投融资渠道。旅游投融资平台不断增多，为社会资本投资旅游业提供了良好的市场环境。

在此背景下，要加强对资本的引导，促进旅游行业的发展协调化，促进空间布局的均衡化。鼓励资本对旅游基础设施的投资，如旅游厕所、旅游集散中心、绿道建设、旅游停车场等。

（二）优化行业组织结构

旅游行业组织结构是旅游行业结构的优化动力来源，行业组织结构合理才会促进竞争，促进行业抱团发展，促进协调分工，促进行业生产率的提高。旅游行业组织结构优化包括市场结构优化和所有制结构优化。

当前，我国旅游行业市场结构表现特性是集中度低、规模有限、产品差异不佳，为了行业利润率的提高和我国旅游行业经济的有序发展，提高旅游行业发展水平，应当指定引导政策鼓励旅游行业企业的有序扩张，促进资本的集中。

旅游企业扩张可以分为两种形式。一种是自身的成长壮大，依靠自身的经营，通过积累资本和人力，从而不断扩大。另一种是并购的成长壮大，企业不断地并购上下游产业链中的企业或者同类型的竞争企业，也可以通过建立联盟式的战略联盟关系，提高自身对行业的影响力。

旅游行业企业扩张重点应关注提升自身竞争能力和网络联盟扩张。前者的提升促进了旅游行业企业竞争能力的强化。以携程为例，在依托互联网技术构建企业旅游销售平台后，携程实现了快速扩张，经营业务种类快速增多，建立了旅游行业首家呼叫中心，快速响应客户需求，实现收入快速增长，成为旅游电商企业的龙头。又如，开元酒店集团依托信息技术，投入巨资开发业内领先的酒店系统管理平台，并在酒店管理上发挥了巨大作用。酒店全面应用信息技术实现互联网络、订单确认处理、结算、客户管理、人力资源管理、房务管理等一体化管理。标准化体系包括卫生清洁标准体系、采购标准化体系、人力资源标准化体系等。

旅游行业企业网络联盟的形成和发展是在现代经济背景下，企业业务链和业务模块相互交错、企业联系越来越密切的结果。随着信息科技的发展，企业越来越意识到必须通过合作进行旅游产品的开发与设计，制造和销售。只有紧密的合作，才能在市场上形成足够的竞争力。在旅游行业中，旅游消费者的需求多样而且有一定的连续性，旅游行业中的各种产品供货商只有依赖自己的核心竞争力与相关产品、信息技术相互结合，才能提升自己的竞争能力。在行业集成中，核心是旅游消费者不断变化的需求，目的是实现价值增值，手段是创意、融合、链条和集群❶。

另外，旅游行业簇群化也是此类战略的表现。在行业簇群中，大量的与行业关系密切的企业构成了网络化的组织结构，并使各类分散孤立的产品资源实现优化整合，产生协作，促进竞争，也使区域整体的产品质量水平和竞争力得以提升。旅游行业中分工与协作的普遍存在为行业簇群的发展打下了牢固基础。

自改革开放以来，我国旅游行业企业国有经济比重不断下降，非公有制企业比重持续上升。实践表明，个体及私营企业的增多促使了资本生产率的提高❷，因此优化旅游行业所有制结构对促进旅游行业经济的发展具有重要意义。事实上，旅游行业所有制结构的改善，即国退民进（国有资本逐渐减少甚至退出，民营资本逐渐增加），也是旅游行业发展的客观要求。旅游行业属于需求型行业，投资小、见效快。在经济落后、资源丰富的地区，发展旅游业是极佳的选择。旅游业面向的对象是广大的旅游者，更适合灵活的个体民营经济主体；旅游行业在人力资源上需求量大，相对工业产业来说标准化水平较低，个体产出低，不适合国有体制发展。因此，应鼓励个体民营企业发展，以促进旅游行业所有制结构的改善。

---

❶ 蔡培卿.旅游无边界产业集成的形成机制研究 [D].厦门：厦门大学，2008.

❷ 刘伟，李绍荣.所有制结构与产业结构的耦合研究 [M].北京：人民出版社，2001:86.

（三）刺激需求

需求对旅游行业结构的优化和发展起着推动作用，如何促进有效需求呢？笔者认为有以下几点。第一，加强全局旅游建设。全局旅游加强了旅游基础设施建设，使整个区域都像景区一样，出行更加便捷，高铁和公交骑行无缝衔接，旅游厕所干净整洁，使人们旅游更加舒适便利，人们外出旅游的欲望更加被激发。第二，加强旅游产品质量提升。随着人们生活水平的提高，人们对旅游行业的服务质量有了更高的要求，酒店卫生清洁流程等细节都成为人们关注的焦点。只有不断加强旅游行业服务质量建设，宣传完善旅游服务标准，建设高标准的星级酒店、星级旅行社、A级景区，人们出行的需求才会越来越旺盛。第三，推动旅游与其他行业融合业态发展。随着经济社会的发展，旅游业同其他行业越来越需要融合发展，中医药健康旅游、养生旅游、温泉旅游、低空旅游、工业旅游、红色旅游、森林旅游等融合旅游产品不断出现，人们出行的选择空间也越来越广泛，从而促进了人们旅游需求的增长。

三、旅游行业结构优化需要协调发展

旅游行业产业链的紧密连接与合作要求旅游行业结构优化需要协调发展。旅游行业结构优化必须依托于协调发展。

（一）以市场竞争促进行业要素流动配置

旅游行业结构的优化应该通过市场竞争，使企业进入良性发展，有竞争力的企业才能获得更多的资源分配，获得更优的人力资源、先进技术，从而促进旅游行业产业结构的升级。鼓励企业做大做强。比如，携程网在企业发展到一定规模时，收购了行业的竞争对手"去哪儿"，使企业规模扩大，业务能力变强，优化了行业结构。

（二）促进旅游产业链之间协调共进

旅游产业链按照吃、住、行、游、购、娱六大要素进行分工，各个要素产业链合作互补，餐饮企业高、中、低档比例恰当，餐饮特色街区中特色餐饮种类繁多。在住宿业中，酒店高、中、低档比例恰当，各类风格民宿可满足各类游客需求。旅游集散中心换乘便利，通景公路路边美观。旅游娱乐产品丰富，大众娱乐与高雅艺术并存。

四、旅游行业结构优化是个非均衡增长的过程

旅游行业的发展需要的是均衡发展，但往往是非均衡的变动引起的。而最先变动的部门往往是由于主导产业的选择和创新引起的。

（一）选择主导产业

主导产业具有发展前景良好、扩散与关联效应强和序列更替的特征，其选择标准包括收入弹性、生产率、关联度、就业功能、技术密集度和国情原则等[1]。在信息经济背景下，依托互联网技术发展的大型OTA已经成为旅游行业的主导产业，高铁、航空、邮轮、景区、酒店的资源都依托大型OTA平台组合销售给游客，在线支付支持了在线交易，所有的信息提供、信息搜索、在线采购、在线支付都能在旅游电商平台上快速完成。然而，传统旅行社从行业龙头的位置上逐渐滑落。

---

[1] 芮明杰.产业经济学[M].上海：上海财经大学出版社，2005：251-257.

（二）创新引领结构优化

旅游资源开发的本质就是创新，是主要依托文化创意发现资源、转化产品、产品创新的过程❶。旅游产品的创新是旅游产品与其他行业产品的融合发展，也是旅游产品自身升级换代和旅游管理创新的过程。在这些创新的过程中，信息技术下产生的产品，其创新影响更为重要，如可以支持游客的移动支付、移动定位，使旅游产品服务更为个性化，因此信息技术是旅游产业融合发展的重要动力。

五、旅游行业结构优化要重视地域发展

（一）优化有地方特色的旅游行业结构

具有地域特色是旅游资源的吸引力之一。我国的东部、中部、西部地区地域特色明显。东部地区经济发达，基础设施较好，具有内生比较优势，应该发展中高端休闲度假、投资密集的主题公园等旅游行业产品，引领旅游行业发展。广东、浙江、江苏、山东、福建等东部地区都是旅游发达地区。中部地区具有良好的历史文化底蕴，有良好的自然资源，但基础设施更新不足，旅游行业潜力尚待挖掘。中部地区应加强旅游网络营销，加强与其他区域联动，加强自驾游营地、停车场、骑行道等基础设施建设，开发特色旅游产品。西部地区自然景观独特，如新疆的天山、蒙古的草原以及横跨多个省份的长征之路景观。西部地区优化旅游行业结构应当发挥比较优势，充分开发红色之旅、民族文化之旅，加强旅游网络营销工作，加

❶ 李庆雷，付磊.论旅游资源开发的创新本质［J］.湖南人文科技学院学报，2013(6)：70-74.

强基础旅游厕所、旅游道路等公共基础设施建设。

（二）区域自主创新优化行业结构

区域要根据自己的比较优势发展优化行业结构，也要依托自主创新能力优化行业结构。一个具有众多自主创新能力企业的区域是自主创新区域。区域旅游行业自主创新能力的提升应当依托旅游公共设施、资源等比较优势，提高人力和资本积累，充分利用先进技术。只有区域自主创新能力不断提升，才能促进区域旅游行业结构的不断优化。

六、为旅游业行业发展提供政策支持

政府制定的政策对行业有着引导作用。2014年，国务院以国发〔2014〕31号印发《国务院关于促进旅游业改革发展的若干意见》，提出在2020年前，鼓励、引导和扶持社会资本建设自驾车（含房车营地）2 000个。

2016年12月，《国务院关于印发"十三五"旅游业发展规划的通知》由国务院颁布实施，这是第一部由国务院颁发的旅游业发展规划。这些政策发布后对旅游业的发展起到了极大的引导作用，对资本、人力的投入指明了方向。

地方政府也以政策引导旅游行业发展，笔者对浙江省温州市洞头区等县市区进行调研，整理案例如下。

案例一：温州市洞头区

近年来，洞头坚决贯彻中央和省市的决策部署，坚持海上花园一张蓝图绘到底，发挥五海优势，实施生态立区、旅游兴区、海洋强区三区战略，打造"主客共享、宜居宜游"的旅游休闲岛，推动旅游特色发展、融合发展、创新发展，持续争创全局旅游示范区、国家旅游度假区，以大旅游带动大发展，为高水平建设海上花园提供强劲动力。

一、打造旅游共同体，掀起全局旅游新热潮

一是全局旅游发展战略地位突出。成立以区委书记领衔的"全局旅游发展工作领导小组"，下设七个专项旅游工作小组，把全局旅游工作纳入重点工作考核体系，分值权重同比 2017 年增长 23.75%。二是旅游要素保障力度空前。在全国范围内率先实施海域审批"一证到底"，把蓝色国土转化为旅游资源，2018 年全区 37.9% 的出让土地用于旅游项目建设。突破民宿审批藩篱，实现民宿"三证合一"。创新政府和社会资本合作模式，海洋生态廊道成功融资 8 亿元，获国务院表彰。三是旅游宣传推介形式多样。推出"书记区长当导游"的旅游管理新模式，举办全局旅游"1+10"系列活动，形成"人人为旅游""人人讲旅游"的生动局面。先后赴四川、上海、河北、湖北等地开展旅游专场推介会，达成"海上"与"上海"十年旅游市场营销合作模式。通过网红直播、OTA 网络分销等方式，构建立体化营销平台。2018 年 10 月，林霞区长应邀出席在奥地利格拉茨市举行的第四届"一带一路·中国论坛"，并进行了"建设海上花园·打造生态旅游岛"主题演讲，使旅游推介走出国门。

二、打赢专案攻坚战，迈出全局旅游新步伐

顺应供给侧结构性改革方向，培育旅游核心吸引物。一是高质量开发"三湾"项目，即梦幻海湾、韵动海湾、相思海湾项目。"三湾"是洞头全局旅游的引擎项目，总投资均超 50 亿元。二是高水平打造海岛特色小镇。加快培育海霞民兵小镇、海峡两岸同心小镇、邮轮小镇和蓝色度假小镇等特色小镇，把东屏街道列入省级旅游风情小镇培育名录。签约台湾"101"

民宿开发项目，开启两岸经贸文化交流合作新篇章。状元岙国际邮轮港2018年实现常态化运营，成为浙江旅游新的引爆点。三是高起点谋划主题岛。发挥洞头302个岛的资源禀赋，突出"一岛一主题、岛岛是乐园"，开发半屏山全电岛、青山旅游度假岛、大竹峙蜜月岛、大瞿养生岛、南策海钓岛等主题岛项目，获批建设全国首个国家级海洋公园。

三、打开美丽新画卷，开创全局旅游新格局

坚持"多规合一"改革，高起点编制全局旅游规划，形成"一轴两核三片十二主题"的空间规划布局。"多规合一"平台被列为省级数字城市典型应用案例，在全省推广。一是优化内外旅游交通。全力构建"海陆空"一体交通体系，330国道、洞头峡大桥、瓯江南口大桥让海岛从此天堑变坦途，诚意号、华中号"海上巴士"顺利通航，6座岛际飞行停机坪投入使用。建成五岛沿线风光轴、环洞头岛连港蓝色海岸带等4条美丽乡村风景交通线。其中，五岛（环岛）沿线风光轴获评省首批精品示范道路。二是实施十大花园工程。特别是把花园村庄建设作为全局旅游发展的重要载体，计划三年投入22亿元建设70个花园村庄，目前已完成50个花园村庄建设。吸引渔民和农民转产转业、青年返乡创业，全区涉旅从业人员达1.1万人，占全区社会从业人口的20%以上。三是扮靓美丽海岸线。启动中国"蓝湾行动"整治工程，总投资4.76亿元，创造了第一个中国"蓝湾指数评价体系"，实现"水清、岸绿、滩净、湾美"，获央视《焦点访谈》特别报道。

四、打响产业融合牌，步入业态培育新时代

主打旅游度假、休闲运动、健康养生三大业态，实施"海岛+、旅游+"行动，加快产业融合、资源整合。一是注重渔旅融合。整合渔村、渔耕等旅游元素，形成紫菜节、羊栖菜节、国际放生节等渔业文化节庆活动，推进休闲渔业、环岛游、海上游项目蓬勃发展。二是注重体旅融合。培育帆船、帆板、海上蹦极、全国公路自行车、全国海钓、国际瑜伽、国际铁人三项等滨海体育旅游业态落地。三是注重文旅融合。挖掘海洋民俗文化元素，举办妈祖平安、七夕祭拜等旅游节庆活动，获评中国诗歌之岛、中华妈祖文化交流温州基地、中国七夕文化之乡等文化旅游名片，国际作家之家落户洞头。

五、打出放心景区拳，彰显滨海旅游新亮点

一是品质强旅。以"放心景区"八大行动为载体，创成"省示范型放心景区"。健全旅游综合执法体系，建立旅游"红黑榜"评价机制，开通24小时在线投诉渠道，全面营造安全有序的旅游消费环境。二是智慧助旅。成立区旅游大数据中心机构，建成"一中心十平台"体系，实现全局智能管控。开发智慧旅游App，让游客真正实现"一机在手、畅游洞头"。三是服务兴旅。注重旅游服务配套，相继建成南塘湾省级湿地公园、东海贝雕非遗博物馆、龟岩森林公园等各类游憩空间。全力推进"厕所革命"，投入150万元建成投用全国首个3A级"花园厕所"，并计划到2020年，投资6 000万元新改建花园厕所350座，实现全区厕所"花园化"。

案例二：政府引导开展旅游市场工作

著名旅游城市杭州市人民政府发布了《杭州市2012—2015年旅游国际化行动计划》，通过旅游国际化推动全市旅游业转型升级，促进世界名城建设。杭州市旅委在全国旅游城市中首开先河，开展编制《外国人入境旅游市场十三五规划纲要》，对外国人入境旅游市场起到了很好的推动作用。

"十二五"规划期间，美国入境旅游人数长期位居杭州外国游客前三，除 2013 年出现小幅下跌外，基本维持增长趋势，从 2011 年的 19.04 万人次增长到 2016 年的 24.32 万人次（图 6-1）。

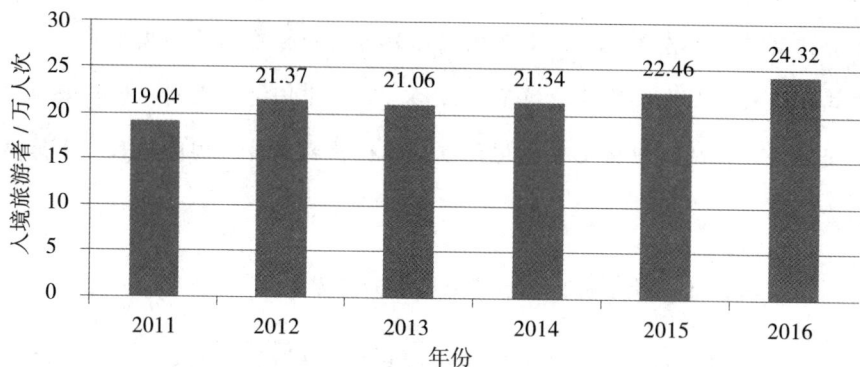

图 6-1　杭州市 2011—2016 年美国入境旅游者人数

加拿大入境旅游者在来杭外国游客中一直居于 10 ～ 20 位之间，在北美市场中成为美国客源的必要补充，除 2013 年外，也一直呈现增长趋势，从 2011 年 3.7 万人次增长到 2016 年的 4.99 万人次（图 6-2）。

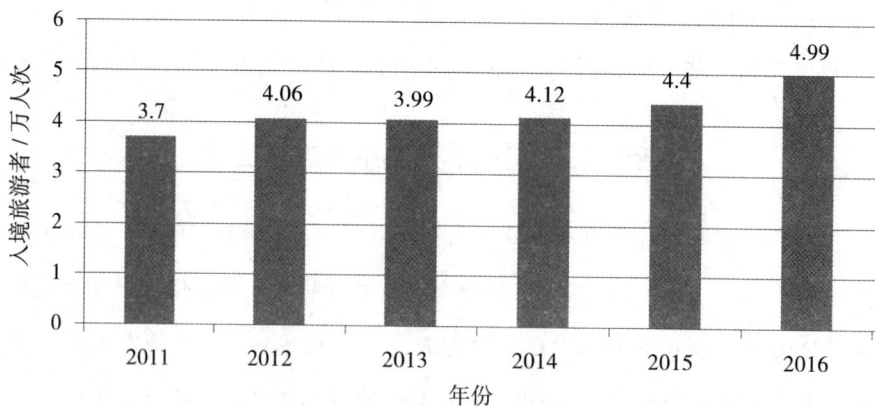

图 6-2　杭州市 2011—2016 年加拿大入境旅游者人数

案例三：宁波市象山县政府大力推进旅游业发展

近年来，象山县紧紧依托"海洋、生态、文化"优势，深入实施旅游公共服务设施基础改造，全力推进省全局旅游示范县创建和高水平旅游强县建设。目前，全县拥有国家4A级景区4家，3A级景区1家，省级旅游度假区1个，省市级以上休闲基地22个，省市级以上农家乐特色村（休闲旅游示范点）27个，旅行社20家，高标准旅游饭店12家，民宿（农家乐）670余家，床位数突破3万张。该县先后荣获首批浙江省旅游经济强县、全国休闲农业与乡村旅游示范县、2017浙江旅游总评榜之年度旅游发展十佳县、浙江省全域疗休养发展十佳县等荣誉称号。

一、深化改革创新，建立党政统筹的现代旅游治理体系

（1）建立全局旅游领导体制。成立以县委书记为组长、县长为常务副组长、各单位一把手为成员的领导小组，调整县委、县政府领导责任分工，县政府常务副县长分管旅游工作并兼任县旅委党组书记。各镇乡（街道）建立相应的旅游发展推进小组，明确旅游分管领导，设立旅游工作办公室，落实人员专职从事旅游建设管理工作。成立由常务副县长任组长的全局旅游发展专题协调小组（联系会议制度），成员涉及12个部门，协调解决涉旅事宜。

（2）建立旅游综合管理机构。组建县旅游发展委员会，统筹全县旅游发展。成立全局旅游指挥中心和全局旅游综合执法办公室，组建县旅游警察大队、县旅委市场监管大队和县旅游巡回法庭，县旅委专设安全质监科，理顺松兰山、环石浦港、影视城三大区域旅游管理体制，形成推动全局旅游综合管理的强大动力。

（3）健全旅游政策保障体系。制定出台《关于进一步促进旅游业跨越式发展的实施意见》《象山县旅游产业扶持政策实施细则》等政策，明确每年不少于1亿元的旅游产业专项资金，并建立象山汉雅文旅产业基金。出台《象山县创建国家全域旅游示范区三年行动计划》和《象山县旅游业追赶跨越三年行动计划（2018—2020）》，县发改、财政、农办、人社、金融等10多个部门也发布相关推动旅游发展措施。出台《象山县旅游用地专项保障办法（试行）》《象山县关于推动农村宅基地"三权分置"的实施意见（试行）》，推出"坡地村镇""点状供地""宅基地三权分置"等旅游用地政策，推出支持旅游新业态项目发展的"政银保"政策，积极支持和推进全局旅游发展。

二、加强产业融合，丰富和拓展全局旅游产品供给

（1）丰富旅游产品体系。提升核心景区质量，加快推进松兰山国家级旅游度假区、象山影视城国家5A级景区、半边山省级旅游度假区以及枫康养生园、蟹钳港国家3A级景区创建工作。切实推动石浦渔港二期"海上乌镇"、中国渔村二期"宋城千古情"等项目招引建工作。深化产旅融合，石浦镇获评首批省级旅游风情小镇，茅洋乡成功创建市级乡村全局旅游示范区并入选省级旅游风情小镇培育名单，星光影视小镇入选第三批省级特色小镇创建名单。成功创建省市级中医药文化养生、老年养生、果蔬采摘、民宿、露营等休闲基地7个，在创8个，新增省A级景区村67个（其中3A级景区村6个）。培育推出健康养生、体育运动、研学、夜游、温泉、红色旅游等项目。

（2）完善旅游要素配套。旅游特色村和民宿覆盖全县各镇乡（街道），新增皇冠假日酒店等高质量酒店3家，新增省金宿级民宿1家，银宿级民宿3家，新建走点湾路、别样小白等精品民宿45家，在建精品民宿9家，旅

游住宿条件显著提升。制订实施《象山海鲜餐饮业提升发展三年行动计划》，大力实施"名店、名厨、名菜"工程。加大旅游商品专业商场、购物街区建设力度，国际风情街、一兆韦德、博浪太平洋广场、壹街区、悦泉湾海鲜街等一批特色商业、餐饮街区以及影视城购物商场、象保合作区外国商品直销中心等特色购物商场建成营业。

（3）加快旅游项目建设。建立健全旅游项目联审机制和统计督查制度，县旅委配备总规划师，加强县域旅游项目整体把控和统筹力度。近三年，全县在建旅游项目66个，总投资288亿元，建成重大旅游项目10个，完成投资50多亿元，半边山旅游度假区、中国海影城、民国城、阿拉的海水上乐园等景区先后开业。策划包装旅游招商项目49个，成功签约重点旅游项目15个，总投资300多亿元。引进东方仙子（塞拉利昂）田园综合体、金诚之星文旅项目、光华国际康旅项目、游仙寨等一批项目落户，与乡伴、安可、西坡等专业团队及中国美术学院、中国音乐学院、浙江旅游职业技术学院等智力机构建立合作，共同推进象山全局旅游项目谋划建设。

三、加大推进力度，提升全局旅游公共服务能力和水平

（1）深化旅游厕所革命。全县新改建旅游厕所84个，其中新建旅游厕所21个，改造厕所63个，累计创建A级厕所32个，3A级厕所7个。旅游特色村、农家乐厕所均已根据"改厨、改厕、改客房"的要求完成整体改造，实现了干净、卫生、整洁的要求。同时，为进一步满足游客如厕需求，全县18个镇乡（街道）均发文开放沿街沿路企事业单位厕所。

（2）优化旅游交通体系。建成县旅游集散中心，成立城乡公交旅游包车调度中心，打通斑斓海岸等旅游公路4条，增设旅游交通专线5条，新建公路驿站6个。完成300余块旅游交通标牌双语化改造。策划开通东站机场专线，建设东站城市候机楼，投放共享单车6 300辆，租赁汽车开始试水。

通景公路全面实现等级化，城乡公交覆盖全县各旅游村和旅游景区，绿道慢行系统覆盖城乡，总长达 370 km，另有 218 km 环象绿道网正在有序推进，绿道综合效益逐步发挥。

（3）推进智慧旅游建设。象山县旅游大数据中心于 2017 年 9 月 16 日中国开渔节正式上线，并与省、市旅游大数据中心实现互联互通。研发投用"象山伴旅"公共服务平台，串联"吃、住、行、游、购、娱"各要素，基本实现"一机在手、游遍象山"。推进全局无线网络覆盖工程，主要涉旅场所和全县 22 个旅游特色村实现 Wi-Fi 全覆盖。

四、实施整合营销，提升象山全局旅游目的地的旅游形象

（1）加强全局旅游营销整合。建立"1+4+N"全局旅游联合营销机制，形成以县旅委牵头，各大管委会、景区和旅游企业参与的全县旅游营销联盟，形成全局旅游联合营销合力。按照"立足省内、面向长三角"的市场营销战略，联合开发象山旅游进杭州、宁波、苏州、慈溪、上海等市场推介活动，进一步拓展市场空间。以精品康养为核心亮点，整合县内职工疗休养资源，积极对接大型企业集团和其他企事业单位工会 90 余家，定制精品疗休养产品。

（2）深化旅游管理形象策划宣传。在"东方不老岛、海山仙子国"旅游形象基础上，策划形成"嗨象山"旅游营销新口号、"象宝"旅游IP形象、象山旅游 Logo，并拍摄制作"嗨象山"全局旅游形象宣传片，设计制作宣传图片和伴手礼，研发编印《全局旅游产品线路手册》，推出 15 条特色旅游线路和两款 4 日游、3 日游产品，开设上海、杭州、苏州"嗨象山"专卖店 3 家，开通上海、江西、安徽、杭州等地直通车 10 条，开通"趣象山"。

（3）强化旅游宣传合作营销。加强与新媒体、自媒体、影视媒体等合作，通过县内县外、线上线下，形成全方位、多层次、一体化的宣传模式。

引入湖南卫视《72层奇楼》《全员加速中》、东方卫视《极限挑战》等大型综艺节目来象拍摄，推出"秦岚带你游象山"VCR。同时，加强活动和事件营销，通过持续举办中国开渔节、象山海鲜节、氧气音乐节等各类节庆活动实施重点营销，进一步增强象山旅游对外影响力和吸引力。

五、推进共建共享，创造和谐有序的全局旅游发展环境

（1）提升城乡环境建设面貌。按照全局旅游"处处皆风景"的理念，切实深化美丽县城、美丽集镇、美丽乡村建设，使城郊、城乡结合部、乡村的生态环境得到根本性改变。近两年，美丽乡村、小城镇综合整治等专项工作成效突出，象山县先后荣获国家卫生县城、国家生态文明建设示范区、省首批美丽乡村示范县、省"五水共治"大禹鼎等国家、省、市荣誉。

（2）规范整治旅游市场秩序。常态化运作全局旅游综合执法办公室，开展全局旅游市场联合执法检查工作，近年来累计开展各类检查30余次，出动执法人员190余人次，检查各类涉旅企业80余家，立案查处违法案件1起。集中开展旅游市场整治"百日攻坚"行动，对景区及周边旅游市场进行重点整治，设立旅游消费维权服务站50个，建立景区旅游服务质量监督站4个，进一步优化旅游发展环境。建立全省首个"1+N"全局旅游目的地应急救援体系，救援领域覆盖全县。联合保险公司设立全局旅游综合保险，为游客提供切实出行保障，为每位游客提供免费旅游保险。

（3）大力宣传倡导文明旅游。加强文明旅游工作，设计制作视频、海报、折页、手册等一批游客喜闻乐见、丰富多彩的文明旅游宣传品，多形式、多载体宣传文明旅游，提示游客遵守旅游文明行为规范。组建游客文明行为监督岗、文明劝导员，开展文明告知、文明规劝等活动，引导游客文明旅游。不断扩大旅游志愿者队伍，开展旅游志愿者服务活动，旅游志愿服务成为假日旅游的亮丽风景线。

案例四：文成县旅游业发展情况

一、文成县基本情况

文成县隶属浙江省温州市，位于浙江省南部山区，温州市西南部，飞云江中上游，总面积 1 296.75 km²，以本地历史名人明朝开国元勋刘伯温的谥号为名，下辖 12 镇、5 乡，人口 40.2 万，是一个集山区、库区、老区"三合一"的县。基本县情可以概括为三句话。第一，文成是生态富县。文成县境内森林覆盖率为 71.7%，空气非常清新，实际监测结果远远高于国家一级标准，飞云江的水质清澈洁净，是周边地市的主要饮用水来源，也是浙南重要的生态屏障，先后获评中国长寿之乡、国家生态县、中国气候养生福地、省级生态文明建设示范县，是浙江省首个国际慢城。第二，文成是旅游强县。文成县现有 10 个 3A 级及以上等级旅游景区，拥有"中华第一高瀑百丈漈""东方药师佛国安福寺""亿年壶穴奇观铜铃山"和"千年红枫古道"等旅游"金名片"，是温州市乃至浙江省高质量旅游资源比较集中的一个县，先后获浙江省十大生态旅游名城、省级旅游经济强县、2017 年度浙江省全局旅游示范县创建工作先进县等称号。第三，文成是文化名县。文成县兼具刘伯温文化、红色文化、畲乡文化、宗教文化独特底蕴，是浙江省两个侨乡县之一，现有 16 万人侨居在世界 68 个国家和地区，有 1 000 多名文成籍华侨华人担任华侨社团副会长及以上职务，又被誉为"侨领之乡"。此外，全县共有畲族同胞 1.63 万人，是全省统战工作重点县。

二、旅游业主要亮点

（一）文成县旅游工作的最大亮点

文成县旅游工作可谓"亮点纷呈"。比如，县委书记一把手亲自抓旅游，被称之为"旅游书记"；旅游工程项目进展快，被称之为"旅游速度"；文成财政扶持力度大，被称之为"政策推动"；等等。文成县旅游工作最大的亮点还是旅游经济体制改革。

文成县这几年在旅游体制改革上做了一些尝试，如旅委的成立、高配旅游管委会、综合执法体制改革等。文成县又出台《文成县深化旅游发展体制改革的实施意见》，开展四个方面的探索尝试。一是明确旅游资源的属性。提出具有观赏、游览价值的人文、自然资源都属于旅游资源，规定旅游资源由县旅游管委会统一管理，属于行政事业单位性质的文化、林业部门不再从事旅游资源的开发经营。二是实施旅游资源所有权和经营权两权分离。提出旅游部门代表县政府行使旅游资源的所有权和管理权，旅游资源的经营权要从所有权中分离出来，通过市场价值形成机制，不断推向市场。三是明确投资收益者。提出收费性景区景点的门票收入分为资源收益和投资收益，资源收益归国家所有，投资收益按照"谁投资、谁所有、谁支配"的原则归投资者所有。四是调整旅投公司出资人关系。县旅投公司出资人由县国资办调整为县旅游管委会。

通过近一年的实践，改革取得了明显成效。一是使旅游部门成为真正意义上的旅游部门。过去，一些应该由旅游部门管理的资源、资金管不到，旅游部门其实是不健全的。现在，全县旅游资源由旅游部门统一管理，全县最大的旅游企业旅投公司出资人划归旅游部门，旅游部门管理的范围和职能更加健全了。这就使旅游部门真正成为旅游部门。二是使资源成为资产。绿水青山就是金山银山，绿水青山还是资源属性，金山银山才是资本属性。旅游资源如果掌握在政府部门的手里，属于行政收费，不能成为资本。《文成县深化旅游发展体制改革的实施意见》提出了旅游资源两权分离，把所有权和经营权剥离开，把经营权推向市场，推向企业，通过市场价格的形成机制，使资源成为资产。三是完成主要景区——刘基庙景区经营

第六章　旅游行业经济结构优化的政策建议

159

体制改革。刘基庙过去是文化局经营的，现在划给了县旅投公司，今年已经投入 2 亿多元，对刘基庙进行了保护性维修，拆迁了刘基庙前 170 多间民房，建起了新的游客中心，规模大了一倍多。

（二）文成县全局旅游示范创建的主要成效

文成县通过近年来的创建，主要取得了三个方面的成效。

一是坚持融合发展，推动了旅游产业转型升级。文成县结合县域实际情况，在政府大力完善基础设施及公共服务的基础上，一步一个脚印，大力补齐"旅游六要素"短板，坚持"产业围绕旅游做、要素围绕旅游布、设施围绕旅游建"工作思路，把"旅游＋"和"＋旅游"高度的产业融合作为全局旅游的突破口，通盘谋划全县产业布局，引进龙头企业，同时按照特色小镇＋景观绿道＋乡村旅游的方式，强力拓展全局旅游发展格局。随着全局旅游创建工作的深入，文成把旅游景区管理工作推广到全县，按照 A 级景区的标准把全县建成一个较为完整的旅游目的地，旅游企业逐步培育壮大，产业结构不断完善，业态更加丰富，产业链得到了延伸，市场效益越来越好，游客满意度不断提高，"伯温故里、天然文成"的旅游品牌知名度也不断提高，客源半径也得到大大拓展，旅游经济指标保持了高位增长，旅游业支柱产业地位得到了巩固和提升，促进了旅游业从门票经济向产业经济的转变。

二是坚持绿色发展，推动了旅游环境持续优化。文成是重要的水源保护地，绿水青山是文成县最大的财富，文成投入了巨大的财力、物力和人力，开展了一揽子的环境整治工作。虽然财政不富裕，但是为了环境，文成回绝了一大批效益短平快的企业和项目，坚定朝着要把全局旅游示范区建成环境友好的示范区和新一代环境友好旅游者的培养区的目标进发。累计投资数十亿，按照城镇有故事、乡村有记忆、庭院有味道的"三有要求"推进了全域旅游化环境再造，实现了全局环境卫生、景观质量和城乡风貌的革命性提升。同时，积极推动旅游业管理手段从粗放低效向精细高效方式转变。旅游业作为服务行业，精细化、高效化、个性化服务是其获得可持续发展的重要保障，良好的服务水平是其发展的"生命线"，旅游品牌形象"立难毁易"。近几年来，文成县大力加强行业管理、服务标准管理、市场监测、应急体系等建设，给游客提供了一个更"开心、舒心、安心"的旅游环境。

三是坚持全民参与，旅游惠民富民成效显著。坚定树立旅游发展全民参与的信念，全域旅游化环境再造、高速公路、刘伯温故里创5A、篁庄村整村改造、刘基庙前民房拆迁等重大涉旅项目得到政府的高度支持，使工程建设顺利推进。而小城镇环境综合整治的深入开展、民宿特色村和精品民宿的持续培育提升了西坑畲族镇、铜铃山镇、让川村、下石庄村等镇村存量农房的价值，农房或宅基地价格翻了几倍，甚至是10倍，农房租金水平也接近县城水平。旅游经济产业链的发展累计带动了数千户低收入农户人口实现了创业增收，年人均增收20%以上，推动了农业转型升级，完善了农村产业体系。村民可以与投资者协商，依托房屋、土地等生产资料获得租金收入；可被返聘作为民宿、乡村旅游点服务人员，成为新型职业农民，每月获得3 000～5 000元的工资收入；可借助乡村旅游东风，参与农产品加工业、商业、手工业、建筑业、特色养殖业的新发展，获得经营性收入。据统计，文成农村常住居民人均可支配收入达12 535元，同比增长9.2%。

（三）文成县推进全局旅游发展机制的做法和经验

主要是坚持体制机制改革，按照"政府主导、市场运作、部门联动、社会参与"的工作理念，不断推进旅游业创新发展，有效促进旅游资源优势转化为经济发展优势。

（1）统筹推进。文成县成立了以县委书记为主任（组长）、县长为第一副主任（副组长）、分管县领导为常务副主任（副组长）、县直各有关部门负责人和各乡镇长为成员的旅游发展委员会和文成县创建全局旅游示范区（县）工作领导小组，实行"一月一例会、每季一研究"工作机制，定期解决涉旅重大问题。2016年，文成县又将旅游功能区升级为副处级的百丈漈——飞云湖风景旅游管委会，内设6个行政处室、4个副科级事业单位，县机关各部门明确1名分管、联系旅游工作领导，各乡镇"三定方案"成立旅游办公室，积极破解旅游发展过程中各自为战、同质化竞争、"小马拉大车"等问题。农办、经信、水利、林业、文化、卫计、环保、体育等部门与旅游部门积极互动，合力抓好乡村旅游、文化旅游、运动休闲、商贸旅游、康养旅游等业态培育和发展工作。

（2）载体引领。一是开展刘伯温故里5A景区创建。结合刘伯温故里国家级5A级景区创建活动，投入资金16.8亿元，对景区内部浏览设施、通景公路、景区厕所、游客中心、停车场等进行全面提升，刘伯温故里景区质量明显改善，通过了省级专家初步评估验收。二是实施旅游景区改造提升工程。向国家开发银行融资20亿元，对重点旅游景区沿线村庄、主要交通干道沿线村庄、集镇建城区、县城中央水轴实施全面的改造，城乡面貌焕然一新。三是实施A级景区村建设工程。按照A级景区村的建设标准，把全县131个A级景区村进行了改造，建成省3A级景区村14个，A级景区村庄的游客服务中心、停车场等乡村旅游设施一应俱全，有效地促进了乡村振兴。

（3）政策引导。一方面，相继出台《关于金融支持旅游业加快发展的若干意见》《文成县促进全域旅游发展扶持奖励办法》《文成县旅游商品商业街扶持暂行办法》等奖励扶持政策，旅游发展专项资金从原来的每年2 500万元增加到3 600万元。发改、经信、财政、国土、住建、交通、金融办等部门还分别出台了支持全局旅游发展的一些政策措施。强化旅游金融支持和用地保障，组建县旅投公司，设立10亿元的旅游业发展基金，有效撬动社会投资；鼓励支持天顶湖生态农庄开展资本市场上市前期工作；积极结合坡地村镇建设用地试点政策，通过"点状供地"方式有效解决天湖庄园等旅游项目用地指标问题。另一方面，高标准制定《文成县全局旅游发展总体规划》，明确"县城旅游集散中心、天然文成灵秀山水旅游环、伯温文化体验组团、佛教文化旅游组团、山水观光度假组团、森林养生度假组团、滨水休闲娱乐组团、侨乡慢城休闲组团"的"一心一环六组团"总体布局，并由县政府批准实施。充分做好旅游规划与经济社会发展规划、城镇规划、土地利用等的融合，明确重大项目建设、重要规划编制需征求旅游部门意见，充分体现旅游发展需求，有效实现旅游发展空间、功能布局的统筹协调、紧密衔接，切实构建"产业围绕旅游做、要素围绕旅游布、设施围绕旅游建"的全局旅游发展格局。

第七章 小 结

笔者经过系统分析，研究了我国旅游行业结构优化状况和对策。

一、分析情况

在理论分析中，笔者分析了旅游业的内涵、旅游行业的范畴以及旅游行业构成的相关理论，并分析了旅游行业结构优化的影响因素，构建了机理模型，分析了旅游行业结构优化对旅游经济的影响机理，为以后的研究打下了基础。

在实证分析中，笔者通过面板数据模型分析表明，旅游行业经济结构优化对我国旅游经济增长有影响。笔者探讨了其相关成因，为我国旅游行业结构优化的政策提出提供了实证支撑。

根据理论和实证分析，笔者从能力构造、要素启动、协调发展、非均衡增长、区域发展、产业政策导向六个方面提出了建议和对策。

二、研究展望

旅游行业的发展任重道远，旅游行业结构优化是个漫长的系统工程。后续研究还将继续关注以下问题。

第一，旅游行业结构优化需要大数据支持。我国目前旅游大数据系统建设还不够完善，各地不少统计数据缺乏足够的科学依据，旅游系统大数据中心建设还有待进一步完善。

第二，旅游行业结构优化的跨学科研究也需得到进一步关注，中医药健康旅游、温泉旅游、体育旅游、森林旅游等旅游产品都涉及旅游和其他行业的融合，跨学科的旅游知识理论和标准还需要进一步的完善和研究。

参考文献

[1] 范艳丽，周秉根，吕永平．基于自组织理论的旅游产业结构协调发展研究〔J〕．世界地理研究，2009(1): 143–149.

[2] 王云龙．区域旅游产业结构基本研究框架构建〔J〕．企业活力，2012(1): 5–10.

[3] 王大悟，魏小安．新编旅游经济学〔M〕．上海：上海人民出版社，1998: 163.

[4] 罗明义．旅游经济学〔M〕．天津：南开大学出版社，1998: 163.

[5] 明庆忠，陈玉英，周新生．云南旅游产业结构探微〔J〕．云南师范大学学报(哲学社会科学版)，1999(6): 88–92.

[6] 罗佳明．旅游经济管理概论〔M〕．上海：复旦大学出版社，1999: 149.

[7] 罗明义．旅游经济分析：理论方法案例〔M〕．昆明：云南大学出版社，2001: 205.

[8] 唐留雄．现代旅游产业经济学〔M〕．北京：科学出版社，2001: 112.

[9] 田里．旅游经济学〔M〕．北京：高等教育出版社，2002: 223–224.

[10] 甘巧林．旅游经济学〔M〕．广州：华南理工大学出版社，2008: 189.

[11] 汪季清．旅游经济学〔M〕．合肥：安徽大学出版社，2009: 171.

[12] 魏礼群．全面建设世界旅游强国〔J〕．全球化，2016(2): 8–29.

[13] 李金早．开明开放开拓迎接中国"旅游+"新时代〔N〕．中国旅游报，2015–08–21(001).

[14] 王昆欣．创新与整合：旅游+互联网行动的两翼〔N〕．中国旅游报，2016–06–29(004).

[15] 易伟新.论世界旅游强国战略目标实现的着力点——中国改革开放旅游发展三十年的思考［J］.中国市场，2009(1): 14–15.

[16] 王志发.着力提升产业素质 全面建设旅游强国——从旅游大国向旅游强国迈进的五个着力点［J］.中国经济周刊，2007(31): 15–19.

[17] 朱晓辉，符继红.现代治理体系下旅游管理体制改革的创新研究［J］.管理世界，2015(3): 176–177.

[18] 马海鹰，吴宁.全局旅游发展首在强化旅游综合协调体制机制［J］.旅游学刊，2016, 31(12): 15–17.

[19] 万蓬勃.构建旅游业产品创新体系的思考［J］.产业与科技论坛，2007(8): 79–81.

[20] 黄玮.浅析旅游服务创新［J］.浙江树人大学学报，2006(3): 39–41.

[21] 马勇，肖智磊，卢桂芳.区域旅游规划的创新思考［J］.旅游科学，2007(3): 37–43.

[22] 张文建.当代旅游业态理论及创新问题探析［J］.商业经济与管理，2010(4): 91–96.

[23] 刘庆余.从"旅游管理"到"旅游治理"旅游管理体制改革的新视野［J］.旅游学刊，2014, 29(9): 6–7.

[24] 张宇宁.新时期旅游管理中的问题及完善策略研究［J］.旅游纵览（下半月），2017(4): 84.

[25] 袁亚忠.服务要把握好『度』［N］.中国旅游报，2002–09–18(3).

[26] 魏宝祥.影响我国旅游业发展的制度因素研究［J］.西北师范大学学报（自然科学版），2004(2): 76–80.

[27] 冉斌.我国休闲旅游发展趋势及制度创新思考［J］.经济纵横，2004(2): 25–28.

[28] 彭华.旅游发展驱动机制及动力模型探析［J］.旅游学刊，1999(6): 39–44.

[29] 罗辉.中国旅游业制度变迁的主体类型及演化模式研究［J］.玉溪师范学院学报，2010, 26(3): 43–48.

[30] 王君正，吴贵生.基于服务创新四维度模型的我国旅游企业创新模式分析——以云南旅游业为例［J］.商业研究，2007(8): 1–6.

[31] 刘敏.关于旅游地旅游企业创新的初步研究——以平遥古城为例［J］. 生产力研究, 2010(11): 192–194.

[32] 阎友兵, 王志凡.基于三重螺旋模型的旅游产业集群创新系统研究［J］. 科技管理研究, 2009, 29(4): 236–239.

[33] 司马志.基于 ESP 范式的中国旅游产业绩效分析［D］.上海:上海社会 科学院, 2010.

[34] 周琳.中国旅游业的制度创新研究［D］.长春:吉林大学, 2014.

[35] 刘少和.广东"旅游综合改革示范区"建设的制度创新思考［N］.中国 旅游报, 2009-06-12(011).

[36] 陈丽华.桂林旅游产业创新发展研究［D］.武汉:武汉大学, 2011.

[37] 李美云, 徐正春.从制度创新看桂林旅游产业的可持续发展［J］.林业 经济, 2003(6): 57–59.

[38] 卞谦, 邓祝仁.技术创新与制度创新在旅游行业的应用——关于桂林市 旅游产业发展的个案研究［J］.社会科学家, 2000(1): 27–32.

[39] 刘莹, 何继新.一个国外生态旅游案例视域框架:生态旅游公益供给主体 分析［J］.吉林广播电视大学学报, 2011(3): 10–13.

[40] 王红."国际旅游岛"背景下的海南旅游业制度创新［J］.新东方, 2009(6): 20–23.

[41] 汪明华.嘉兴旅游业转型发展研究［D］.上海:上海交通大学, 2008.

[42] 郭鲁芳.县域旅游经济制度变迁的实证分析——以杭州地区二县市(淳 安县、临安市)为例［J］.旅游学刊, 2004(2): 22–25.

[43] 戴春芳, 王志凡.张家界旅游产业集群创新系统分析［J］.广西轻工业, 2010, 26(3): 98–100.

[44] 周智生.多元文化资源整合与区域文化旅游创新发展——以云南丽江为 例［J］.资源开发与市场, 2007(1): 84–86.

[45] 吴亚平, 陈志永.基于核心力量导向差异的乡村旅游制度比较研究—— 对贵州"天龙屯堡""郎德苗寨"与"西江苗寨"的实证分析［J］.热 带地理, 2012, 32(5): 537–545.

[46] 夏梦, 钱小梅, 赵媛.基于外部性理论的南京市旅游资源产权制度创新

〔J〕. 商场现代化 , 2005(27): 303.

[47] 陈耀 . 旅游发展和城乡统筹〔J〕. 旅游学刊 , 2011, 26(10): 8-9.

[48] 许秋红 , 尹涛 , 李青 . 基于制度创新的旅游企业战略联盟优势——以广州 岭南国际企业集团为例〔J〕. 管理案例研究与评论 , 2009, 2(1): 11-19.

[49] 魏楚 , 沈满洪 . 能源效率及其影响因素 : 基于 DEA 的实证分析〔J〕. 管 理址界 , 2007(8): 66-76.

[50] 吕明元 , 尤萌萌 . 韩国产业结构高度化对经济增长方式转型的影响〔J〕. 世界经济研究 , 2013(1): 73-80.

[51] 生延超 . 旅游产业结构优化对区域旅游经济增长贡献的演变〔J〕. 旅游 学刊 , 2012(10): 11-19.

[52] 干春晖 , 郑若谷 , 余典范 . 中国产业结构变迁对经济增长和波动的影响 〔J〕. 经济研究 , 2011(5): 4-16.

[53] 杨天宇 , 朱林 . 中国居民收入分配对产业结构升级的影响 [EB/OL]. (2013-07-28). www. doc88. com/p4354722507774. html.

[54] MADDALA G S, WU S. A comparative study of unit root tests with panel data and a new simple test〔J〕. Oxford Bulletin of Economics and Statistics, 1999(Special Issue): 631-652.

[55] CHOI I. Unit root tests for panel data〔J〕. Journal of International Money and Finance, 2001, 20(2): 249-272.

[56] ROODMAN D. How to do xtabond2: An introduction to "Difference" and "System" GMM in Stata[Z]. Working Paper, Center for Global Development, 2006.